Rudolf Hävemeier

Daz himilriche, ein bairisches Gedicht aus dem 12. Jahrhundert

Rudolf Hävemeier

Daz himilriche, ein bairisches Gedicht aus dem 12. Jahrhundert

ISBN/EAN: 9783743450882

Hergestellt in Europa, USA, Kanada, Australien, Japan

Cover: Foto ©Thomas Meinert / pixelio.de

Manufactured and distributed by brebook publishing software (www.brebook.com)

Rudolf Hävemeier

Daz himilriche, ein bairisches Gedicht aus dem 12. Jahrhundert

Daz himilriche,

ein bairisches Gedicht aus dem 12. Jahrhundert.

Inaugural-Dissertation

zur Erlangung der philosophischen Doktorwürde

geschrieben und der

philosophischen Fakultät der Universität Göttingen

vorgelegt von

Rudolf Hävemeier.

Bückeburg 1891.
Druck der Grimme'schen Hofbuchdruckerei in Bückeburg.
Aug. Grimme.

Tag der mündlichen Prüfung: 9. Juli 1890.

Referent über die Dissertation Prof. Dr. M. Heyne.

Seinen lieben Eltern

in herzlicher Verehrung und Dankbarkeit

zugeeignet
vom
Verfasser.

Daz himilriche,
ein bairisches Gedicht aus dem 12. Jahrhundert.

Im 8. Bande von Haupts Zeitschrift (pg. 145 f.) wurde im Jahre 1851 von Schmeller ein aus 387 Versen bestehendes Gedicht des 12. Jahrhunderts veröffentlicht, das der Herausgeber nach seinem Hauptinhalte ‚daz himilriche' nannte. Es zog bald die Aufmerksamkeit der Litterarhistoriker in besonderem Grade auf sich, weniger seines freilich auch eigentümlichen Inhaltes, als seiner ganz vereinzelt dastehenden langgestreckten Verse wegen. Man hielt dieselben fast allgemein für die erste Nachahmung deutscher Hexameter und äußerte diese Ansicht mehr oder weniger bestimmt. Am offensten spricht sich Göbele[2]) und Steinmeyer[3]) aus, ähnlich Roberstein[5]); weniger bestimmt Wackernagel[4]), Scherer[5]) und Bartsch[6]). Gegen diese Auffassung des Verses wandte sich allein Grein[7]) in seiner „Deutschen Verskunst"; schon in der Vorrede wies er darauf hin, „daß er in der Darstellung der geschichtlichen Entwicelung der mhd. Strophenformen von seinen Vorgängern abweiche und daß hierbei die paarweise gereimten Langzeilen des himilriches zum ersten Male in ihrer metrischen Bedeutung zur Geltung gebracht seien."

Die hier ausgesprochene Ansicht hat, wie es scheint, keine weitere Beachtung gefunden, und schon deshalb ist eine genauere Untersuchung derselben wohl nicht überflüssig. Abgesehen aber davon zeigen sich schon in den wenigen von Grein mit Accenten versehenen Versen merkwürdige Widersprüche gegen seine eigenen Behauptungen; so hat bei ihm v. 2 neun Hebungen (michil ist dín chráft ûf déro bímilisken wárte), in v. 12 läßt es guotliche aus; andere Betonungen sind zum mindesten zweifelhaft, so v. 9 vóne mére ze mére, v. 18 daz ire nehéiniz und dergleichen. Auf die Behauptung, daß der Reim stumpf sei, werde ich weiter unten zurückkommen; ob diese Versform auch sonst im 12. Jahrhundert vorkam, ist ja natürlich ebensowenig zu entscheiden, wie ob sie in orga-

---

[1]) F. Gesch. d. deutsch. Dichtg. II. Aufl. pg. 40, Nr. 20: daz himilriche . . . ist merkwürdig durch seine offenbar dem Hexameter nachgebildeten Verse.

[2]) Haupts Zschr. XX. Anz. pg. 240: „Mir scheint es unzweifelhaft, daß wir eine Arbeit eines bairischen Klosterschülers vor uns haben, der lateinische Hexameter deutsch nachzuahmen versuchte."

[3]) Gesch. d. deutschen Nat. Litt. 5. Aufl. pg. 104 (§ 67a). Sehr merkwürdig sind die Verse eines paarweise gereimten Gedichtes, das Himmelreich, welches sicher noch dem 12. Jahrhundert angehört: hier gehen die Zeilen sämtlich über 4 Hebungen, meist bis 6, hinaus, und wohl mit Recht ist darin die Nachbildung lateinischer Hexameter zu erblicken.

[4]) Gesch. d. deutsch. Litterat. 2. Aufl. 1879 pg. 177 die ältesten deutschen Hexameter, die es giebt (wenn nicht das Gedicht v. Himmelreiche hier zu nennen ist) sind um das Jahr 1340 aufgezeichnet. ibid. pg. 349 Ohne Verfassernamen sind mehrere fürzere Stücke . . . ein Gedicht vom Himmelreiche, dieses in schon vollkommen reinigen Reimen, aber (wie es scheint, hierin vereinzelt da) mit so langgestreckten Reimabsätzen, und zu bewegtem Rhythmus derselben, daß hier der erste Versuch einer umfangreicheren Nachahmung der Hexameter vorzuliegen scheint.

[5]) Gesch. d. deutschen Dicht. im 11. und 12. Jahrhundert (O. u. F. XII pg. 101 f.) Seltsam sind schon die wunderlichen langen Verse mit zweisilbigem Reime, die man für den ältesten Versuch deutscher Hexameter hält.

[6]) Germ. 7,371 (Recension von Schneiders deutscher Verskunst) Ich erinnere an den ältesten deutschen Hexameter, der sich im Rudlieb findet, ferner an den 11./12. Jahrhundert angehörigen Langverse des Gedichts über das Himmelreich.

[7]) D. deutsche Verskunst nach ihrer geschichtl. Entwickelung mit Benutzung des Nachlasses von Dr. A. F. C. Vilmar bearbeitet von Dr. C. W. M. Grein, Marburg und Leipzig 1870. pg. 34 § 53: Neben diesen sogenannten kurzen Reimpaaren, in welchen zwei Kurzzeilen von ursprünglich je 4, in Folge der Verwilderung von je 3—6 Hebungen durch den Reim gebunden sind, bestand aber wenigstens im 12. Jahrhundert noch eine andere Art von Reimpaaren, die man im Gegensatze zu jenen als lange Reimpaare bezeichnen kann. Diese Form ist uns erhalten in . . . dem himilriche . . Jede Langzeile besteht aus 8 Hebungen und zerfällt (mit wenigen Ausnahmen) durch eine deutliche Cäsur nach der 4. Hebung in zwei Hälften, sodaß sie unverkennbar aus der Vereinigung zweier gewöhnlicher Kurzzeilen von je 4 Hebungen entstanden ist. Aber nicht die beiden Hälften der einzelnen Langzeilen, sondern je zwei aufeinander folgende Langzeilen sind durch stumpfen Reim mit einander verbunden z. B. (es folgen hier v. 1—20 unsers Gedichtes mit Versaccenten versehen).

— 2 —

nischem Zusammenhange mit älteren ähnlichen Versen — wie den Otfriedschen — steht. Doch läßt sich ein solcher Zusammenhang vielleicht wahrscheinlich machen: In einem Jahrhundert, in dem wie im zwölften die Kurzzeilen die ganze Poesie beherrschten, ist ein plötzliches Auftreten langzeiliger Verse ohne früheres Vorbild kaum denkbar; wie sollte jemand, der nur kurze Verse kennt, von denen die zwei durch den Reim verbundenen gar keinen engeren Zusammenhang mit den beiden vorhergehenden oder folgenden haben, auf den Gedanken kommen, den verbindenden Reim zu verlegen? Ganz anders wird die Sache, wenn wir von der zwar aus zwei Kurzversen zusammengesetzten aber als Ganzes empfundenen Langzeile ausgehen; sie hatte schon als alliterirender Vers alle Bedingungen in sich, welche sowohl Auflösung in Kurzverse als Verbindung zu zweiversiger Strophe verlangten: für das erste die Cäsur, für das zweite die bekannte und oft geübte Kunst des Nachklingens eines Reimstabes im folgenden Langverse. Auch Otfried wollte Langverse schreiben, das zeigt die handschriftliche Schreibung; da er aber die heidnische Alliteration durch den Reim verdrängen wollte, so ergab sich für diesen den Platz von selbst am Ende der Halbzeilen. Sowie nun das Gefühl der Zweiteiligkeit der Strophe erstarkte — und das wurde schon durch die Schreibung bewirkt — lag es nah genug, die Verbindung der beiden Langzeilen auch äußerlich durch den Reim zu bezeichnen. Seine frühere Stelle bezeichnet ein Einschnitt in der Langzeile, der zwar nicht ganz aufgegeben wurde, aber wohl je nach Geschmack und Kunst des Dichters mehr oder weniger stark war. Von seinen ursprünglich 8 Hebungen hat der Vers in den meisten Fällen eine eingebüßt; sie ging dem zweiten Halbverse verloren durch Abschwächung der Endungen und daher klingenden Reim, der erste behauptet seine 4 Hebungen. So haben mehr als zwei Drittel aller Verse nur 7 Hebungen; dies Schwanken ist außerordentlich interessant, es findet seinen klassischen Ausdruck in der Nibelungenstrophe, die freilich durch klingenden Ausgang in der Cäsur noch eine Hebung eingebüßt hat, aber im letzten Halbverse 4 Hebungen bewahrt: unser Vers steht also in der Mitte zwischen den Versen Otfrieds und denen des Volksepos. —

Ich komme jetzt auf die Ansicht zurück, daß der Vers keine deutsche Langzeile sondern ein Hexameter sei. Ihre beste Widerlegung ist eine Metrik, welche zeigt, daß unsere Messung des Verses allen Versen des Gedichtes gerecht wird, d. h., daß sie nicht eine Betonung verlangt, welche dem Brauche der Dichter des 12. Jahrhunderts widerspräche; denn niemand wird glauben, daß ein bestimmtes metrisches Schema auf alle Verse eines nach ganz anderem Maße gebauten — wenn auch noch so mangelhaft gebauten — Gedichtes passen könnte. Dieser Beweis scheint mir der einzige von wirklicher Beweiskraft zu sein, denn wieviel Geschick man einem Dichter, der zum ersten Male ein ganz neues Versmaß anwendet, in der Handhabung desselben zutrauen will, ist in jedermanns Belieben gestellt; es würde deshalb auch unnütz sein, hier einzelne Verse anzuführen, aus denen man mit den besten Willen gar nichts von Hexametern herausfinden kann — und ihre Zahl ist groß. Vielleicht ist noch folgendes der Beachtung werth: Die ersten deutschen Hexameter stammen aus dem Jahre 1340 (Wackernagel, Litteraturgesch. 2. Aufl. pg. 177). Sollte schon über anderthalb Jahrhunderte vor dieser Zeit ein so umfangreicher Versuch damit gemacht sein? Der Hexameter, überhaupt der Daktylus, paßen wenig für die deutsche Sprache; er ist deshalb nur bei lyrischen Spielereien verwendet, nicht zu längeren ernsten Gedichten, und er tritt erst eigentlich in die Dichtkunst ein, als sie verfällt. Man kann sich kaum denken, daß schon im 12. Jahrhundert ein Dichter diesen Mißgriff gemacht hätte, und daß so geschmacklose und holperige Hexameter von ihm stammten, der doch in der Genauigkeit der Schreibung und des Reims gute Schulung zeigt und viele seiner Zeitgenossen übertrifft.

Verslehre.

A. Betonung.

In manchen Punkten zeigt unser Gedicht, was die Glätte des Verses betrifft, Ähnlichkeit mit nicht ganz sorgfältigen Dichtungen der Blüteperiode, wie die des Strickers sind (vergl. die Vorrede zu Karl dem Großen von Bartsch pg. LXIV ff., LXXVI u. s. w.) Natürlich kann es nicht meine Aufgabe sein, alles zu besprechen, was in das Gebiet der Metrik fällt, sondern nur, was entweder von dem Gebrauche der besten Dichter abweicht, oder was sonst Schwierigkeiten im Lesen des Verses zu machen schien; einiges andere ist der Vollständigkeit wegen hinzugefügt. — Den Anfang will ich machen mit dem Wichtigsten beim mhd. Verse, der zweisilbigen Senkung*).

---
*) Unter erster und zweiter Senkung verstehe ich im Folgenden die erste und zweite Silbe zweisilbiger Senkung.

— 3 —

Nach ihrer Stellung ergeben sich folgende Abteilungen:

1) Die beiden Senkungen bilden den Schluß eines Wortes: In diesem Falle sind sie meistens Flexionsfilben, aus zwei durch einfachen Konsonanten getrennten e bestehend, so in den Deklinationsendungen -eme, -ere (-ene, welchene 141), in denen sogar hier und da von dem Schreiber das auslautende e ausradiert ist; für cerluogenne 130 könnte man cerluogene schreiben. Einfilbig sind auch die Artikelformen deme, dere, die Präpositionen ane, vore, vone; auch wohl umbe. Nicht zwei Flexionsfilben bilden die zweifilbige Senkung in heiligen 192, engile 225, wârbeite 135; kaum erwähnenswert ist in dír spíritu férvent 358.

2) Die eine Senkung bildet den Schluß des ersten, die andere den Anfang des zweiten Wortes. Am häufigsten und leichtesten ist der Fall, wenn die erste Senkung vokalisch auslautet, die zweite eine unbetonte Vorfilbe ist; am häufigsten ist g e dine geschefte 13, gliche gescharet 17, ûʒerhalbo gechlaffet 86, mohte genæben 89, ce widerbruhte gevie 112, beste gelêrten 128, urteile getribet 136, unde geliutert 158, redeliche geschefte 200, unde gesmelcet 205, mêre gemuot 209, manliche gestênt 213, egesliche gehurnte 236, milticliche gelabet 237, úf dem harste geröstet: mit dem heilo getröstet 275, 276, dine getougene 322, diche geladet 360, dine getouften 366, unde gehôren 378. — b e mit rehte becheret 176. Die Synkope des e in dem Präfix ge- ist vor r, l, u im Texte vollzogen, wie es auch des öfteren in der Handschrift geschieht; nöthig ist Synkope in v. 149 dar wir gelangen). — v e r ungwarliche verleite 134. undę versachet 302, undę verdruches 364. Schließt die erste Silbe mit einem Konsonanten, so muß der Vokal dieser oder der folgenden Silbe synkopiert werden; den betreffenden Vokal einfach wegzulassen, erschien mir zu hart: hier und da ist er durch einen daruntergesetzten Punkt gekennzeichnet. Der Vokal der ersten Silbe wird synkopiert, wenn dieselbe eine Flexionsfilbe ist; der auslautende Konsonant ist meistens ein s oder t, der Vokal ein schwaches e: nideres gebiutes 40, breites alsô 39 — tageliches gecimbert 77, alles vervangen 282, goldes gesmelce 287, luftes gedwere 292; so auch alleʒ v 230 hàs du iʒ álleʒ erfunden und 283 ist iʒ in álleʒ verwándelet. Für dinem gebote 52 habe ich dime geschrieben. Schwerer sind wegen der unangenehmen Konsonantenverbindungen lieben beginnit 319; nótdurfticlichen gedulte 214. Der Vokal der zweiten Silbe synkopiert sich leicht in dem Präfix ge-, wenn ein l folgt, also dar unter glach 52, nâher gluogen 96, sœ̂lden glebent 174, werltlichen gludemes 310; hier ist nach Analogie gleichartiger Fälle in der Handschrift das e auch im Texte fortgelassen; auch v. 201 steht unde sicher gǫmachet muß wohl in der Aussprache das e unterdrückt werden. Ein Auslauten der ersten Senkung auf mehrere Konsonanten kommt nicht vor.

3) Die zweite oder erste Senkung ist ein selbständiges Wort. Kaum als hierher gehörig zu betrachten sind ne und ce, die auch meistens in der Handschrift dem folgenden Worte angeschrieben sind. n e steht an zweiter Stelle iht mêre ne schlnet 98, céme diénste ne wirdit 247, chvve ne túont 273; vielleicht betonte man am besten 98 und 247 mêrè und diénstè (mit Auftakt) und schriebe 273 entuont. (Ebenso wie 149 libès, 34 dánnnèn, 338 gewérrèn). An erster Stelle steht ne v. 100 si ne bedarf, v. 129 ih ne getar, 228 die ne gesuigent, 242 dà ne versmâhet, 245 dà ne wirdit; in allen Fällen ist ne hier an das vorangehende Wort anzulehnen, also sin, ihn, dien, dane zu schreiben; v. 88 si ne erchoment kann man leicht elidieren. In fünf Fällen folgt dem ne die Vorfilbe be (jedesmal vor der Media d); hier kann man freilich den Vokal der letzteren nicht synkopieren (Weinh. mhd. Gr. § 14.) und der Gedanke liegt nahe, daß das ne den Hochton bekommen habe, zumal wenn auch die vorhergehende Silbe leicht war wie 249 erwirmen ne bedarf man ire und 268 durch eʒʒen ne bedarf me; zwischen diesen beiden Versen stehen auch die drei übrigen: 256 man ne bedarf da wevel noh warf, 258 vone diu ne bedurfen sî, 264 dei bein ne bedechent in: will man das ne nicht betonen, so bekommt man eben nicht zu beseitigende zweifilbige Senkung — ce als zweite Silbe der Senkung undǫ ce wunnen 153, undǫ ce gnâden 377 stœticlichǫ ce vollere 239, diemuoticliche ce suoʒʒen 355, grehte ce dinem 359, als erste 288 óder ce gefúore und 353. — Andere Wörter: erfüllet mit lóbesanges schalle 82, mit deme fiure her nâh 170, becheret in asken 176, wie lieblicho sich gôt in 218, martirœre vor állen 233, undę vor anderen 327; wandǫ si vórne 324, vgl. wánde die sélben 93 und wándǫ dâ 61 (cinsilbiger Auftakt).

4) Ein selbständiges zweifilbiges Wort bildet die Senkung. In den meisten Fällen sind die Vokale des Wortes zwei durch einfachen Konsonanten getrennte e, besonders Artikelformen (deme, dere). Vereinzelt finden sich andere Worte, so uber 178, vone 287 und 293; auch dehein muß man in einigen Fällen einfilbig lesen (nicht nötig ist es 266 und 331): es ist bann kein geschrieben, 206 die hîe kein nôt swœriu, 250 hîzce nóh fróst noh kein, 293 dâ ne îst vone missehélle kein viantlich zwíwúrft.

Einige Worte sind besonders zu behandeln. unde (vgl. b. Lautlehre.) vor ge-, ce, ver- kann man die längere Form beibehalten, dagegen ist vor hochtoniger Silbe Kürzung in der Aussprache nötig, also sô undę sus 72, in undę sie 218, gwis undę greht 253, fleisc undę viske 269, wegs undę brucke 301, dâ undę hie 325. Wenn Pronominalformen, mit d anlautend, folgten, trat wohl in der Aussprache eine noch engere Zusammenziehung ein undę der heister wint 166, undę die tunchelen blintheit 197, hie undę dâ 376. — Der Artikel muß häufig dem folgenden Worte vorgelehnt werden, besonders im gen. sing.; hier habe ich die handschriftliche Schreibung geändert: allenthalben sumberinges 11, mére suiantlichen wuoles 111, slibes 149, stôtlichen libes 309; die Vorlehnung des ‚der' in 196 inne der últe viant und 340 daz únsib der últe widerwarte ist durch einen Punkt angedeutet. Anlehnung des Artikels an das vorhergehende Wort findet sich 111 untern engilen, 156 zierenz leben, 321 umben stuol (= umbe den); die gewöhnlichen Zusammenziehungen des Artikels mit ce: cem 181, ceme 247, cere 133. In der Handschrift selbst übrigens steht zen éwen 85, 303, wie in den Windb. Ps. (z. B. 5, 13; 70, 1). Anlehnung des neutralen Pronomens ist ausgeführt 48 denz = den iz. obz = ob iz 56, duz = du iz 230, deih = daz ih 137, vgl. weiz = waz iz 186; deiz = daz iz schon in der Handschrift 50 und 182.

Dreisilbige Senkung steht in der Handschrift 3 hôhe obe állen, wo leicht elidiert werden kann, 148 nâh ándere geséźcede (= diner); in der Aussprache wurde auch wohl vor einfachem s das e des Präfixes ge synkopiert, vgl. 378 álle gesêhen. 151 antreiture dere (= der), 170 mit deme fiure here nâh (= her), 216 innerhalbe dere múrwente (= der), 222 besuntere in erbes teile (Elision des e), 227 umbe dere zinnen zile (= umbe der, man könnte auch umber schreiben), 261 ze nâhiste dere lih (= der), wohl wie nâhistere zu lesen. 366 der uns bringet dere sunten (= der). Die in Klammern beigesetzte Form ist die in den Text aufgenommene; die weitere Kürzung dieser zweisilbigen Senkungen in der Aussprache ist einfach. — Gegenüber diesen überladenen Senkungen ist Fehlen der Senkung häufig; 91 únsämftê und 299 si ne árbeitènt trägt sogar jede Silbe eines dreisilbigen Wortes den Hochton. Die nur in Fremdwörtern zulässige Betonung zweier durch einfachen Konsonanten getrennten Vokale, von denen der erste kurz ist, in phálenco 80, vielleicht auch in mórâtes (wenn nicht mórâtes zu schreiben ist) 272.

Als Mittel zur Beseitigung zweisilbiger Senkung ist Elision sehr häufig und kaum erwähnenswerth; 320 kann man cêriste statt ce êriste, 348 cêren statt ce êren schreiben; 203 dâ beginnit me alleré- riet sehen ist wohl Verschleifung anzunehmen, da von me sonst nur der Konsonant übrig bliebe. Einige andere Beispiele von Verschleifung sind dei ih 67, dei in 325, sô iz 192, du in 241, alsô er 245.320 (zum größten Teil wohl als Inklination des Pronomens anzusehen), ferner diu erde 144, die árbeite 137, die infáhen 330, du uns 155, si uberal 176, dâ âne 279; besonders schwer also eins hávenæres váz 120. Hieran will ich gleich ein paar Beispiele für den Hiatus schließen; er hat seine Stelle zwischen zwei Hebungen 76 dâ ist, dâ umbe 81, ie anesíht 195, si ie 209; zwischen Hebung und Senkung dâ ist 254, dâ unde 325; zwischen Senkung und Hebung dâ únsih 195, diu in 311, du álleʒ 338, du únsih 361. Unangenehmer ist, wenn auslautendes kurzes e auf anlautenden Vokal stößt; es finden sich e:u miete unde, gnâde unde 254, gnædicliche umbe unsere 333, riuwe unde 339, in himile unde 375; e:o halt enne obene 312; e:a æhtære anevæhten 208, greht ce alleme 226, ce allen 229, sî ne arbeitent 299; e:i me ire 249, ne ist 292, wile iz 310, hête in 320, lâge in 343, umbe ire 348; endlich e:e wande er 290. Übrigens kann man bei einigen der angeführten Beispiele schwanken, ob Hiatus oder Elision resp. Verschleifung beabsichtigt ist — es fehlte dann die Senkung; zweifelhaft ist auch 91 die in ê wilen sâhen, 133 sô ih fûrhte, 138 dâ ih gérno, 162 dei ih bildicliche. Am wenigsten auffällig ist der Hiatus in der Câsur geiste érbálden 129, friunte âne 221, dâ alsô 280 herrô in 316, widerwarte im 340. Ein anderes Mittel zur Beseitigung zweisilbiger Senkung ist schwebende Betonung; so werden dreisilbige Wörter, wenn sie in der Câsur oder vor einer leichten Silbe stehen, am besten auf der ersten und letzten Silbe betont, also ábgruntè ce tále 8, érìstê daz bèristè (Câsur) 45, únrehtè gewáskèn 175, nâhistè dere lîh 261, ínwertès gestúèges 318, swíftentè gemáʒʒest 362, wohl auch célestìs medéle 332; in der Câsur viantè 220, iúngistèn 181, béʒʒistè 76. Ferner findet sich schwebende Betonung sowohl in einzelnen Wörtern als im Satzgefüge: niemén 4, 61, herró 106, 223 (316), irís 121, furstlíchen 145, unsíh 159, menuísken 173, cêristé 320, erháften 335, vgl. diemuoticlíche 355 und das lateinísche universália 325; 55 kann man úntotlíchen oder untótlíchen betonen. 82 die sínt erfullet mit lobesanges schálle diúrno, 114 voné dés vorhtén der wuotríh, 115 súln gwislíche, 149 dár wir gelángen mit fiunf sínnen, 159 daʒ wír gedénchen wés unsíh, 239 semftę únde rúowe, 276 allere íre nôtdúrftè, 280 nehein wert hát der chózce dá, 303 alle díe mit dír, 320 also er sí cêríste hête. — Eng zusammen hängt hiermit die Betonung unbetonter Wörter und Silben überhaupt. Häufig ist es nötig, Wörter und Silben zu betonen, die nach ihrer logischen Unbedeutenheit und Leichtigkeit keinen Hochton verdienen, so Präpositionen z. B. mít dínere zeswen 15, mít guote 157, ín wélhe wís 370; besonders auffällig ist, daß ce zweimal in die Hebung kommt óffen cé gesíhte 168 und 270 cé biére múlcen : in beiden Fällen habe ich zuo geschrieben. — m e (man) ist betont in der Cäsur 268 durh eʒʒen ne bedarf mé daʒ brót u. s. w. und 248 an daʒ fuir ne leget mé neweder . . ., öfters fällt der Hochton auf s ô (158, 165 u. s. w.) und d a ʒ, über die Betonung von n e ist oben gesprochen. Die Hauptstelle nimmt übrigens der Artikel ein; er muß häufig betont werden: iouh dén énte 22, túsent dére éngile 47, díe úbervengile 48, dér súoʒiste wáʒ 76, dére stérnen hát sí rát 100, dés hôhstuoles 109, déi túnchelen 125, dés sínnès gegében 155, gliutert dáʒ gemuote 158, wie zíerlíche déi gúdem 204, dére múrwente 216; auch 93 (die selben), 194 (dáʒ êwige), 350 (díe heimvart) betont man am besten den Artikel, ebenso 127, 128, wodurch die beiden letzten Halbverse je 4 Hebungen bekommen. Auch Flexionssilben ziehen zuweilen den Hochton auf sich, besonders in der Cäsur, vgl. 14 sint umbevángèn, sélè 150, wírmèn 141, tríbènt 166, mínnèr 190, verlógenèn 210, verwîsit 195, entwîchènt 215, schônè 216, máʒʒè 245, wírdit 247, vervángèn 282, vógetès 296, gezéchèt 297, vertiélgèn 345, díenstè 359; am wenigsten fällt diese Betonung auf, wenn zwei Flexionssilben den Hochton tragen, also vórdèret 70, glîchère 81, wíntères 260, (einiges andere bei der Cäsur). Uebrigens beginnt in fast allen diesen Versen der zweite Halbvers mit einer unbetonten Silbe. Auch außerhalb der Cäsur muß zuweilen eine Flexionssilbe betont werden, wenn ein unbetontes Wort oder eine Vorsilbe folgt, z. B. gróʒʒè geminnit 84, mit hiúmvèn dere sêle 150. Nicht in allen Fällen ist ganz sichere Entscheidung möglich; ich möchte bármhèrce vérjehent (188) lesen, um nicht dem Worte drei hochtonige Silben zu geben, und weil mir das auslautende, von alters kurze e schwächer schien als die Vorsilbe ver-, dagegen wérdè vergólten, trotzdem ja auch bies e kurz ist; aber wieder níhne vérlúʒʒest 361.

B. Versbau.

Als zusammengehöriges Ganzes ist ein Doppelvers anzusehen; dies ist auch äußerlich durch ein abschließendes Zeichen — einen Punkt mit schrägem Strich darüber, der in Schmellers Abdruck zweimal (v. 8 und 10) irrtümlich als Ausrufungszeichen gedruckt ist — angedeutet. Im allgemeinen findet der Gedanke im Doppelverse seinen Abschluß; doch sind Fälle einer Vereinigung mehrerer von ihnen nicht selten. Jeder dieser einzelnen Verse nun hat 7 Hebungen, von denen 4 auf die erste, 3 auf die letzte Hälfte entfallen. Grein will auch im zweiten Halbverse 4 Hebungen zählen, doch widerlegt sich diese Annahme durch die häufigen Verse von 4 3 Hebungen bei stumpfem Reim; deshalb darf man auch nicht den klingenden Reim durch Betonung der letzten Silbe beseitigen, abgesehen davon, daß man auf diese Weise verschiedene Verse mit 5 Hebungen im zweiten Halbverse erhielte. Doch sind 4 Hebungen im zweiten Halbverse gestattet, ja häufig, und zwar mit klingendem Reim wie mit stumpfem Ausgange; solcher Verse finden sich 108, mit klingenden Reim haben von ihnen 58, nämlich 37, 38, 65, 66, 91, 92, 93, 94, 101, 127, 128, 157, 158, 181, 182, 197, 198, 208, 210, 215, 216, 223, 224, 229, 230, 235, 243, 244, 249, 250, 261, 262, 263, 264, 267, 268, 271, 272, 273, 274, 278, 279, 280, 297, 298, 301, 302, 311, 317, 318, 319, 320, 349, 350, 367, 368, 373, 374. In einigen dieser Verse kann man wohl drei Hebungen annehmen, doch ergeben sich dann andere Unzuträglichkeiten, über die weiter unten die Rede sein wird. Nicht zu vermeiden ist einigemale eine Bindung zweier Verse, von denen eine 7, der andere 8 Hebungen hat; schon weil es einige ganz sichere Beispiele hierfür giebt, habe ich mich gehütet, sie durch unnatürliche Betonung vermeiden zu wollen, während sie natürlich andererseits als Unregelmäßigkeit, wo es anging, gemieden wurde; ich stelle hierher vor allem die 63 des geschihit weiʒ ih wole alánoh dá uhá, dô êwielíohe schínit daʒ úuceǵancliche líëht, 77 dá du sáligæ burch tágelíches gecímberet wírt, dá du selbe inne bist chúnich únde wírt. 209 swie sêre sie ie mêre gemúot díche wæren vone den verlogenen dó ungezógenen wórltminœren. 235 dá die vernoʒʒenen suln in der êwieheite widerwóhsen, dán stóʒʒent sie die egeslíche gehúrnte hélle óhsen. 277 daʒ ín in mére niemen ringit nôh ne fihtit, âne stræleæræ unde bursten wirdit in daʒ hár geshlîhtit. Hiernach lese ich auch 53.54, 115.116, 119.120, 293.294, 311.312, 371.372.

Der wichtigste Theil in der Behandlung unseres Verses ist vielleicht die Cäsur. Sie ist kein starker Einschnitt, das verhinderte schon die enge Zusammengehörigkeit der beiden Vershälften, doch der Dichter vermied im

— 6 —

allgemeinen ſtörendes Auseinanderreißen zuſammengehöriger Wörter. Wir haben hier die Fälle zu behandeln, in denen er eine ſolche Trennung nicht vermeiden wollte oder konnte. Am wenigſten unangenehm iſt noch, wenn die Cäſur zwiſchen Adjektiv und Subſtantiv fällt, wie 24 allere hercen, 27 des tiurlichen êvangeliste, 105 mit vêhen steinen; auch 211 gote ire schephære; vgl. vore zeichinit 185. Nicht ſelten ſteht das Bindewort am Ende des erſten Halbverſes ſtatt am Anfang des zweiten: 29 Walhe unde Chrieche, 32 initium unde finis, 51 gesliffen noh gewichen noh gevallen ne mach, 73 dere êren . . . iouh des wesennes, 251 mit . . . werchen unde willen; umgekehrt 36 úʒ oder in, 363 sô oder sus, 72 sô unde sus, 376 hie unde dâ. Aehnlich iſt die Trennung der Konjunktion, des Relativums von ihrem Satze 124 den me ofte sihit, sô den himil habent bezogen; 328 die du alleʒ ane, sô wir glouben, erhôres; 92 alsô die donerstrâle, die me sihit . . .; 319 elliu, dei dere sêle sint profutura; 327 unde vor anderen, dei dâ ce himile gesehen sint; 372 waʒ dei brinnenten lieht bediuten. Das Hülfsverbum wird von ſeinem Hauptverbum getrennt: 84 du hast geminnit, 139 daʒ mih geléret hat, 205 sint gemûset; 69 dannen ih noh gnuoch sagen sol; das Subjekt vom Prädikat 172 die denne in dînen gnâden sint, 180 warnet unsih christene wir dere glouben verjehen. Unangenehmer iſt die Trennung der Präpoſition von ihrem Subſtantiv; zuerſt mögen die Beiſpiele ohne Artikel aufgezählt werden: 14 sint umbevangen mit dinere magencnreſte, 368 die der vone varent mit brinnenten liehten diche, 342 oder iht versûmen von unseren schulden, 345 ê wir iʒ vertielgen mit riuwe unde buoʒʒe, 19 nihwan alsô du uber ieglichiʒ verhenges, 30 si vindent iʒ gescriben in hebreisken buochen, 240 herro Christ chunich mit dîn selbes wertschefte, 351 daʒ wir beschirmit sîn unter dinere herschefte; bei den vier erſten Beiſpielen kann die Trennung vermieden werden, durch Betonung von ‚der' im zweiten, durch Betonung der Flexionsſilbe in den drei anderen Verſen; die übrigen dagegen würden durch Hinüberziehen der Präpoſition, abgeſehen von den Betonungsſchwierigkeiten, auch eine Hebung mehr bekommen als der reimende Vers; dies habe ich aber, wo es anging, zu vermeiden geſucht. Eine Reihe anderer Verſe hat zwiſchen Präpoſition und Subſtantiv den Artikel; da es hier bei einigen völlig unmöglich iſt, Präpoſition und Artikel zum zweiten Halbverſe zu ziehen (vgl. 54, 235, 320), ſo kann man nur zweifeln ob die Cäſur hinter den Artikel oder hinter die Präpoſition zu legen iſt. Ich habe mich nach Analogie der vorhergehenden Fälle und wegen der engen Zuſammengehörigkeit von Artikel und Subſtantiv für das Letztere entſchloſſen. Die Beiſpiele ſind (außer den oben angeführten) 2, 8, 67, 162, 233, 305, 377. Wenn ſchon in den letzten Verſen von einer eigentlichen Cäſur nicht mehr die Rede ſein kann, ſo iſt dies noch weniger der Fall in den vier Verſen, in denen ſie in die Mitte eines Wortes fällt; es ſind 7 diuere êren dines wîhstuomes ist nibt zale, 122 dicho von den alten buohmeistern vore gesungen, 131 sûmich unde sîne geistlichiu dinch ersuochen, 232 dâ sih die muoden an die linebergen suln leinen; in dem letzteren könnte man die Cäſur vielleicht auch vor den Artikel legen.

Vom Standpunkte des Versbaues aus betrachtet, iſt die Cäſur da am merkbarſten, wo — wie im erſten Verſe — zwiſchen der letzten Hebung der erſten und der erſten Hebung der zweiten Vershälfte keine Senkung ſteht. Dies iſt der Fall in 78 Verſen, die zum größeren Teil in der erſten Hälfte des Gedichtes ſtehen. Ueberhaupt zeigt das Gedicht gegen ſein Ende eine größere Sorgloſigkeit in Bezug auf die Form. Steht eine Senkung zwiſchen den beiden genannten Hebungen, ſo kann ſie an ſich klingenden Ausgang der erſten Vershälfte oder Auftakt der zweiten ſein; es iſt oben ſchon darüber geſprochen, daß in einigen Verſen die Entſcheidung, welche Form vorliegt, ſchwer iſt. Ueberhaupt zähle ich mit klingendem Ausgang in der Cäſur 99 Verſe, mit Auftakt in der Cäſur 81. Alle angegebenen Zahlen beziehen ſich auf die Verſe mit 3 Hebungen in der zweiten Vershälfte; es kommen dazu mit 4 Hebungen in derſelben: ohne Senkung in der Cäſur (4.4) 26, mit klingendem Ausgang 56, mit Auftakt (4 ! ◡ 4) 29. Es überwiegt alſo klingender Ausgang des erſten Halbverſes (155 Verſe); Fehlen der Senkung (104 Verſe) und Auftakt im zweiten Halbverſe (110) ſind ziemlich gleich häufig. — In verſchiedenen Fällen ſchließt den erſten Halbvers zweiſilbige Senkung, ohne Bedenken, wenn man ſie kürzen kann. Alle Beiſpiele ſind aus der Flexion und es folgt eine Hebung 21 dinere gwâltigen , 24 allere hercen, 361 zwivile nihne, 369 sihtigen wunteron. Ebenſo iſt zweiſilbiger Auftakt nach der Cäſur geſtattet, wenn er gekürzt werden kann; ſo muß man unde 72.218, ire 211, dere 215.261 einſilbig leſen; ebenſo verſchmilʒt in ce gebûren 353 der zweiſilbige Auftakt zu einer Silbe. Daß zweiſilbige Hebung in der Cäſur vor einer Senkung ſteht, iſt nicht auffallend (ʒ. B. 23 unverhôlen in dinere, 63 wôle alûnch, 347 bîtent die zwîr). Es kommt aber auch vor, daß der letzte Halbvers mit einer

— 7 —

Senkung schließt, der zweite mit einer solchen beginnt. Diese Unregelmäßigkeit ist daraus zu erklären, daß die Cäsur, wie schon oben erwähnt, keinen starken Einschnitt bildete und daß man die beiden Senkungen beim Lesen gerade so zusammenziehen konnte, wie überhaupt bei zweisilbiger Senkung. Doch war das Zusammentreffen zweier Senkungen in der Cäsur nach Möglichkeit zu vermeiden, es war also 149 sîbes für des lîbes, 293 kein für nehein, 310 gludemes mit unterdrücktem e, 270 zuo für ce zu schreiben und 166 tribent zu betonen; auch 127.128 bekamen je eine Hebung im zweiten Halbverse mehr; es bleiben aber auch so 9 Fälle dieser Art stehen, fast alle in der zweiten Hälfte des Gedichtes: 136 úrteile getrîbet, 147 stæte behâbent, 209 mêre gemúot, 236 egeslîche gehúrnte, 239 stæticlîche ce vóllere, (265 scúohe bedwingent), 311 herce ab (am leichtesten, da man elidieren kann) 378 alle gesehen, wo aber vielleicht das e des Präfixes synkopiert ist; in allen Versen ist der auslautende Vokal schwaches e, der Auftakt unbetontes Präfix (bez. ce); schwerer ist nur 315 elliu dei schedelîchen oblectamenta: hier entschuldigt wohl das lateinische Wort den schweren Auftakt in der Cäsur.

Die meisten der 378 Verse unseres Gedichtes entbehren des Auftaktes — es sind über 200. Einsilbigen Auftakt haben etwa 100, zweisilbigen Auftakt etwa 50 Verse, b. h. wenn man alle Beispiele, in denen überhaupt zwei Silben geschrieben sind, mitzählt; rechnet man alle Verse ab, deren zweisilbiger Auftakt durch Verschleifung oder Elision einsilbig wird, so bleiben etwa 25 Verse; auch in ihnen bietet der zweisilbige Auftakt keinerlei Schwierigkeiten in der Betonung; ich führe einige Beispiele an 39 dei du céchest, 42 úne dîb, 61 wande dâ (doch f. o.), 55 sô verénte wir, 111 den der tiúvel, 118 der in ísenînere, 154 ob wir sîn, 155 nu has dú uns, 184 dannen heĵĵet, 284 swer der ánders. Dreisilbigen Auftakt ist elfmal geschrieben, aber überall leicht zu beseitigen, durch Kürzung des Artikels 38 dere du wáltes, 214 die dere nôtdurfticlîchen, 225 úf dere búrch, (dazu 247 ceme = ce deme); und für unde, 313 unde des ménnisken; durch Elision dînerǫ éren 7, dei dinǫ êre 322, durch Verschleifung also er sî 320, dannen die îrdîsken 330; in zwei Versen bildet die ersten beiden Silben des dreisilbigen Auftaktes ein zweisilbiges Wort, das einsilbig zu sprechen ist, 114 vonǫ des vórhten, 272 oder ce vóllîbe.

C. Der Reim.

Klingender Reim ist bei weitem am häufigsten. Der Reim ist für die Zeit der Abfassung des Gedichtes sehr rein: es giebt nicht viele Gedichte aus der zweiten Hälfte des 12. Jahrhunderts, die in dieser Beziehung dem himelrîche gleichgestellt werden können; doch ist der Reim nicht ganz tadellos. Ich spreche zuerst von den reinen Reimen; von diesen sind klingend 120 Reimpaare, brunter 6 mit rührenden Reime, doch alle der Art, daß die reimenden Wörter verschiedene Bedeutung haben oder wenigstens Teile verschiedener Komposita sind: untötlichen : lîchen (placere) 55, (ze wunuen : gwunnen 153), leidwente : mûrwente 215, wirtschefte : wertschefte (zugleich mit Assonanz der vorhergehenden Silbe) 239, hérschefte : gnózschefte 351 — lateinische Wörter unctione : compunctione 317. Stumpf reimen nur 44 Verspaare, darunter 5 mit rührendem Reim, nämlich ω : revelatio 25, gecîmberet wirt : wirt (subst.) 77, heilsame : freissame 162, greht : reht 253 und sint : sint 327 — der einzige Fall, daß zwei ganz gleiche Wörter reimen. — Ob man bei einem Gedichte des 12. Jahrhunderts dreisilbigen Reim annehmen darf, erscheint zweifelhaft; denn auch iugende : tugende 15 klingender Reim sein mag, so könnten doch mantele : wantele 258, engîle : ubersengîle 47, verwandelet : verhandelet 283, getougene : ougene 325, seĵĵelen : ageĵĵelen 335 nur als gleitende Reime gelten. Doch kann man allen diesen Worten auch zwei Hebungen geben und die Reime als stumpfe behandeln. Dieser Betonung steht nichts im Wege, da in allen Versen die Zahl der Hebungen nicht größer ist als sieben. Nötig ist diese Betonung in freidigten : leidigten 211. Wie man animalia : alia 321 und antiphona : aĵĵona 335 lesen will, ist gleichgültig: die lateinischen Wörter geben überhaupt keinen Maßstab für die Beurteilung des Reimes ab, (ich werde sie weiter unten zusammenstellen). Nehmen wir in den oben angeführten Versen stumpfe Reime an, so haben wir schon eine Erweiterung des Reimes, die der letzten Hebung vorangehende Silbe reimt mit. Wir unterscheiden nach Grimm: Doppelreim 247 noh hoch : noh stoch, 267 noh nâen : noh bâen, 285 noh houge, 353 unde greht : unde reht, 345 unde buoĵĵe : unde muoĵĵe; hierzu kann man stellen 229 allen stunden : allen erfunden und über den ganzen Halbvers ausgedehnt hêllîh unde heilsame : egeslîch unde freissame 163. Erweiterter Reim 18 ne daret : gescharet, 251 gelentet : gasentet, 237 gelabet : gehabet, 273 gebrâten : gerâten, 275 gerôstet : getrôstet, 365 gelouften : getouften, 288 verwandelet : verhandelet. Der Vollständigkeit wegen erwähne ich auch die wenigen Beispiele von

Reim ber beiben Bershälften 17 sint elliu dinch bewaret sint gliche gescharet (: daret) [rein]; 61 wande dâ niemen erwirdit zegêt noh erstirbit (: verdirbit) [ungenau]; 177 wizze wir. gewarte wir (: ze dir) und 281 lîthlachen badelachen (: sachen) [rührender Reim]. Endlich die beiden Beispiele, welche Schneiber*) von „Schlagreim, der sich mehr bem Binnenreime nähert", anführt, sint beschirmit sint gefirmit 16, vone den verlogenen den ungezogenen werltminnæren 210, wozu man von ôsteret in westeret 9, bloh noh stoch 248 stellen kann. Zum Schluß die Beispiele von ungenauem Reim; hier ist nicht mitzuzählen, was als Schreibfehler angesehen wurde, nämlich erstirbit: verderbit 61, sizcit: swizcet 113, enphâhet: næhet 217, beswæret: vâret 363. Dies alles ist auch im Texte geändert. Unwichtig ist auch die Reimung von niht und lieht 63, 97, 193, 257, da sie kaum als unrein betrachtet wurde, doch wollte ich nicht nieht schreiben. Wichtig sind folgende Fälle naht: anefâht 195, dienen: niemen 241, wînes: deheines 271, lûten: bediuten 371. Dazu kommen unreine Reime lateinischer Wörter mit deutschen und lateinischen unter einanber: turne: diurno 81, archa: starche 171 (man kann auch arche schreiben, wie unten celestis medele (: sêle) geschrieben ist 315); wohl überhaupt nicht wurden als unrein empfunben calentis: calentia 145, seniorês: erhôres 337, profutura: naturâ 319; im Anschluß hieran zähle ich die andern Reime auf, in benen sich lateinische Wörter finden: dînis: finis 31, firmamentum: centum 45, morientium: viventium 57, saphîris: Iris 107, carnis: warnis 315, unctione: compunctione 317.

Es liegt nahe, hier einen Vergleich unseres Gedichtes mit anbern bes 12. Jh. in ber Strenge bes Versbaues und bes Reimes anzustellen: es kann babei nur gewinnen. Wie in ben meisten ber geistlichen Gebichte unsers Jahrhunderts ber Reim gebraucht ist, sieht man leicht; bafür, was sie sich in ber Senkung erlaubten, will ich einige beliebige Beispiele aus Maßmanns deutschen Gebichten des 12. Jh., die mir gerade vorliegen, anführen; als 2- und 3-silbige Senkung gilt in Hartmanns Glauben 9 wérde wir gúte, 37 dînes einbórnen, 39 dînen volleist, 105 mîchil unde gré̂z, 114 hélle hin níder, 213 álles wol gán, 230 álle di gewált; bie Verse ber Litanei sind so verwildert, baß man sie zum Teil gar nicht als solche anerkennen kann; im Alexanber hêter einen 20, wélhem gedánken 21, wólde niwit lánger 29, den sélben gedúne 34, wóldet ir álle 125, niémer gefrómen 1019; Der Dichter bes Pilatus ist verhältnißmäßig sehr sorgfältig, 131 steht kuninclîchem geslёhte, 137 gwán einen sún. König Rother stúnden wir êrin 14, kúninc gewán 56, dò sînen hóf 134, zîreter die rîter 155, insúnderlich scháre 242, niemanne nîht 445, dîenste wart ér 476, kinder virlorin 481, wâren gehoúbitôd 511 u. s. w.

Die Handschrift.

Die Handschrift, die unser Gedicht enthält, — cod. Lat. Monac. 9513 (oberaltach 13) — ist ein starker Pergamentband in groß Quart, bis auf die erste Seite gut erhalten; der Inhalt sind bes Gregorius moralia in Jobem, Teil 3 und 4; es ist in zwei Spalten geschrieben, mit großen, schönen Buchstaben; Initialen zieren den Anfang jedes Buches. Ueber dem Texte steht: Iste liber est scriptus in superiori altach. Der lateinische Text ließ am äußersten Rande (rechts) einen ziemlich breiten Streifen frei: diesen benutzte der Schreiber unseres Gebichtes. Er zog mit einem rotbraunen Stifte am Rande von 15 Seiten — das Gebicht ist schon auf ber 13ten zu Ende — Linien in nicht grade weitem Abstande von einander; die Buchstaben sind mit hellerer Tinte geschrieben und kleiner als in dem lateinischen Texte, aber auch von großer Regelmäßigkeit und Schönheit. Abkürzungen enthalten sie nicht außer den gebräuchlichen in lateinischen Wörtern (auch ihu xpe); soweit bie beutschen Verse reichen, ist, wohl von bem Schreiber derselben, links oben auf jebe Seite lib. XI geschrieben (es ist das 11te Buch der moralia). Die Buchstaben scheinen dieselbe Form zu haben, wie die der Windberger Psalmenüberstzung — ich konnte freilich nur das von Graff seiner Ausgabe beigefügte Faksimile vergleichen. Der Raum ist die Schreibung in Strophen resp. Versen nicht zu; er erlaubte nur etwa 20 bis 25 Buchstaben nebeneinander zu stellen: die sorgfältige Ausnutzung bieses Raumes veranlaßte nun häufig ganz willkürliche Abbrechungen, bei benen etwa der erste oder letze Buchstabe eines Wortes anf die folgende Reihe kam; schon aus biesem Grunde ging es nicht an, das Gebicht in ber Gestalt, in ber es bie Handschrift bietet, abzudrucken.

Wie schon bemerkt, ist die Handschrift gut erhalten — einige kleine Löcher stören wenig — nur auf ber ersten Seite zieht sich ein nach unten zu breiter werbender brauner Fleck am rechten Rande hin, und dieser

---

*) Systematische und geschichtliche Darstellung der beutschen Verskunst. Tübingen 1861, Pag. 194.

hat hier und da einige Buchstaben verwischt: doch ist überall die Ergänzung leicht; auch für die Ausfüllung der Lücke in v. 26 des Schmeller'schen Abdruckes, wenn sie sich nicht von selbst ergäbe, bietet die Handschrift den nötigen Anhalt: uns ist ziemlich deutlich, von hat der oberste Strich des h, von chuot chu und Reste des u. — Ueber die Schreibung werde ich in einem besonderen Abschnitte handeln; hier mag nur bemerkt werden, was stillschweigend geändert ist, nämlich daß uo oft, ce fast immer dem folgenden Worte angeschrieben ist. Circumflexe stehen nur auf alt 52 und ê 128; getrennt geschrieben sind uber vengile 48, naht diebe 96, dar inne 90, umbe verte 109, regen bogen 123, ûtem zuht 146, nebel vinster 195, inner halbe 210, aller êrist 223, halsnuore 287, zui wurst 293. Schreibfehler sind nicht häufig; hierher zu rechnen sind wohl verdërhit statt verdirbit (:erstirbit) 62, canore iubilo statt canoru 75 (veranlaßt durch 3 vorhergehende auf e auslautende Wörter), enphähet statt enphæhet (:nwhet) 217, sizcit statt sizcet (:swizcet) 313; auch das eine und 37 soll wohl unde heißen. 157 steht nôtdurft, eine Schreibung, für die Lexer noch ein Beispiel aus den Marienliedern (ed. Grimm.) anführt; dagegen nötdurft 214, 265, 276 und durchaus in den W. Ps. (Windberger Psalmen ed. Graff). Am auffallendsten ist sie für si (bêdiu) 163 (vergl. die Formenlehre) und dere boge für der boge 145. Dagegen scheint nicht verschrieben dâr ine (ine?) „dort hinein"; Lexer führt nur in an, Wackernagel (Wörterbuch zu dem ab. Lesebuche) auch yne ohne Belegstelle; darin heißt aber inne 78, 80, 99. Einmal ist ein Wort durchgestrichen, nämlich vinster vor tuncheln 125: dies sieht fast aus wie eine Verbesserung des Dichters, da ein gewöhnlicher Abschreiber kaum auf das gar nicht in der Nähe stehende vinster verfallen wäre. Ob auch das nicht seltene Ausradieren auslautender e (in -eme, -ere und sonst) von dem Schreiber oder von späterer Hand vorgenommen ist, wird sich nicht sagen lassen.

Der Vollständigkeit wegen noch einiges über die Art der Bezeichnung bei Umstellungen und Auslassungen und über die Interpunktion. Bei Umstellungen ist die richtige Wortfolge meistens durch übergeschriebene Buchstaben bezeichnet, so 84 hast du, 115 sicher guisliche; in 128 versetzte der Schreiber b und c: in dinere e den allere beste vernunstliche. Ausgelassene Buchstaben wurden klein übergeschrieben, und unten bezeichnet dann wohl ein kommaähnliches Häkchen, wo das Übergeschriebene einzuschieben ist; zufällig ist dies im Schmellerschen Abdrucke einmal nachgemacht "tôte 340. 331 — 336 stehen oben am Rande von Seite 12; daneben 337. — Wichtig ist folgendes Ergebnis: hinter 356 (Schmeller) folgt eine Reihe von Versen, die hinter 324 gehören. Die Umstellung ist in der Handschrift bezeichnet, aber leicht zu übersehen: auch mich führte zuerst die grammatische Beziehung auf den Zusammenhang, die Zeichen gaben die Bestätigung. hinter ougene 324 steht ein Auslassungshäkchen, über demselben einige Buchstaben (x y), die sich hinter getouften 356 (Schmeller) wiederholen; wo die eingeschobenen Verse aufhören, ist nicht angegeben, doch ergiebt Reim und Sinn, daß 357 bis 366 (Schmeller) zusammengehören; diese sind also hinter 324 zu stellen (danach ist die Zählung geändert). — Jeder Vers wird durch einen Punkt abgeschlossen; am Ende jedes Doppelverses steht über demselben noch ein schräger Strich, nach größeren Abschnitten statt dessen unter oder neben dem Punkte ein Komma; kleine Irrtümer sind selten — sie erklären sich aus der unübersichtlichen Form, in der das Gedicht geschrieben wurde. Interessant ist der Versuch eine feste Interpunktion durchzuführen; wie die beigefügten Zahlen ergeben, erstreckt sich derselbe aber eigentlich nur auf die ersten 60 Verse; das Trennungszeichen ist der Punkt. Am häufigsten steht derselbe zwischen unverbundenen Satzgliedern (Subjekten, Prädikaten, Attributen); ja führe nur die Verse an, die Stelle des Punktes ergiebt sich von selbst: 7. 9. 13. 16. 17. 19. 27. 36. 37. 45. 207. 208. 210. 254. 286. 372; an anderen Stellen scheint sinngemäße Trennung gegen die Cäsur angedeutet werden zu sollen, 37 (êrent. furhtent), 39 (antreites. enges), 40 (nideres. gebiutes), 84 (mâzza. du hast), 100. liehtes. des sunnen. noh der mâuinne; vor noh steht ein Punkt 51. 61, vor unde 38. 218, vor einem Relativsatze 12. 171; eigentümlich ist gezuhtigen. des libes 44, wo der Punkt vielleicht hinter libes stehen soll, denn dies gehört doch wohl zu gezuhtigen.

Besondere Beachtung verdient 207 vone guotes willen. rehtere werche vestere anedæhten; der Punkt hinter werche bei Schmeller steht nicht in der Handschrift; wäre hier wirklich eine Pause beabsichtigt, so müßte vestere anedœhten gen. plur. sein, anedäht die Bedeutung von Andacht haben; beides ist bedenklich, denn erstens ist dieser Genetiv starker Femenina (auf n) bairisch sehr jung (vgl. Weinhold bair. Gramm. 395), zweitens ist überhaupt der Plural auffallend und drittens ist kaum das Adjectiv vestere möglich bei ‚Andacht' — ganz abgesehen davon, daß sowohl in unserem Denkmale sonst als auch in den W. Ps. anedäht stets die Bedeutung von intentio hat, auch, 137 (die arbeite miner anedæhte, d. h. intentionis animi, meines angestrengten Nachdenkens). Der ganze Zusammenhang wird klarer, wenn man veatere anedœhteo als Dativ auffaßt, abhängig von vone und parallel mit willon, selbst den Genetiv rehtere werche regierend; die Bedeutung ist dann die von intentio. Bedenklich ist nur der Dativ auf -n, und wir müßten hier einen Fall schwacher Flexion starker Feminina haben, wie ihn Weinhold (mhd. Gr. § 444) an vielen Beispielen (naht, solar u. s. w.) belegt; dann liegt wohl der Nominativ anedœhte zu Grunde. (Ob auch Zeitteles ab. Preb. 99, 5 mit anedœhten Dativ Singularis ist?) — Die Punkte sind im Texte nicht abgedruckt.

Das wichtigste Ergebnis der Vergleichung der Handschrift war außer der erwähnten Umstellung eine ganze Reihe großer und kleiner Lesefehler, die zum Neubruck des Textes mit Veranlassung gaben; sie sollen deshalb hier nicht angeführt werden.

Für den Abdruck des Textes wurde ich vor die Frage gestellt, ob es besser wäre, wie Schmeller die Handschrift genau wiederzugeben, oder die ungewöhnlichen Wortformen in die unserer kritischen Ausgaben umzuschreiben. Die Rechtfertigung des Verfahrens, welches ich eingeschlagen habe, soll die angefügte Formen- und Lautlehre sein: sie soll zeigen, daß die Schreibung in vielen Punkten so konsequent ist, daß eine durchgreifende Änderung willkürlich wäre; zugleich wird sie, hoffe ich, die Erklärung einiger Stellen erleichtern. Doch noch etwas anderes spricht für die Beibehaltung der Schreibung: die Übereinstimmung mit den Windberger Psalmen. Schon Schmeller[1]) macht auf diese Übereinstimmung aufmerksam: Scherer²) bestätigt seine Beobachtung. Um die Frage zum Abschluß zu bringen, habe ich neben die Beispiele aus dem Himmelreiche in Laut- und Formenlehre eine Auswahl der wichtigsten aus den Windb. Psalmen gestellt. Diese Zusammenstellung ergiebt solche Übereinstimmung beider Denkmäler, daß sie im Stande ist ein Bild zu geben von dem Dialekte, den man im 12. Jahrh. im alten Donaugaue sprach — Windberg liegt etwa 9 km westlich von Oberaltach. Doch genügt selbst Gleichheit des Dialektes nicht zur Erklärung aller übereinstimmenden Eigentümlichkeiten, es muß auch eine starke geistige Berührung stattgefunden haben, ja man könnte behaupten, daß nur die Annahme, beide Schreiber seien aus derselben Schule hervorgegangen, eine genügende Erklärung giebt. Wer auch der Lehrer war, wir müssen ihm jedenfalls ein löbliches Streben nach Konsequenz und Korrektheit zugestehen; hier kann auch unser Dichter Genauigkeit in der Handhabung des Metrums und Reimes gelernt haben. Freilich ist dabei folgendes zu beachten: ein Denkmal von der Ausdehnung der Windb. Psalmen kann auch bei großer Sorgfalt des Schreibers nicht leicht die Regelmäßigkeit eines kleinen Gedichtes zeigen; deshalb finden sich in demselben mehr Abweichungen von den Gewöhnlichen als im Hmlr., der Grundzug der Schreibung ist aber überall klar zu erkennen. Es konnte nicht meine Aufgabe sein, alle Abweichungen anzuführen, ebenso wenig wie alle Beispiele von Übereinstimmung, sonst wäre dieser Teil der Arbeit zu sehr angeschwollen; doch ist das Wichtigere immer angeführt und wo es nötig schien mit zahlreichen Beispielen belegt. Übrigens erklärt sich manches auch daraus, daß wohl ein Original der Windberger Übersetzung zu Grunde liegt, das einem anderen Dialekte angehörte, jedenfalls nicht unbedeutend älter war; daher stammen dann die vielen alten Flexionsendungen in diesem Denkmale, die doch nicht gut in der Sprache des 12. Jahrh. bewahrt geblieben sein können, wie armun (genet. plr.) 9, 35. 41; 11, 5; erdun 17, 17; herrun 135,3; unter der zeswun 36 or. (oratio, b. h. das fast jedem Psalm angehängte Gebet), erda 66, 5; 103, 14; vettab 56 or. u. sonst, wanda 140, 8; bros öfter; die Endung -ôte im Verbum: offenôte 50,7; ladôte 49,1; minnôte 25,8; vestenôntem 86 or., chrestigôte 104, 23; (ih lôbô 145, 1).

Ob aus derselben Quelle im Hmlr. das einmalige gnâdun (dat. plr.) und das beständige herro stammt, ist unsicher — daß der Dichter die Psalmen kennt, beweist das Gedicht.

In dem größeren Umfange des Denkmals findet auch wohl eine Reihe von Irrtümern und Versehen in den W. Ps. seine Entschuldigung³). Der Circumflex steht selten, wie im Hmlr. Beispiele ê (lex) 118, 29. 77. 142, nôte 107, 14; ervûhten 108, 2; bîtent 141, 18; enbôt 148, 5; dâhte 118, 47. 70; stîge 118, 35; wâgen (statera) 61, 9.

---

1) Hpt. Ztschr. 8, 145.
2) Quellen und Forschungen XII. pg. 101.
3) Auffällig sind in der chorbe 80, 6 und von der spinte 80, 15; zu der gefuozdruhenten (statt gefuozdruhten compeditorum) 78, 11 stellt sich einen gestangenten in dem hercen (compunctum corde) 108, 15; sonderbar sind auch die beiden Partizipia (er wirdit) geschenten 126, 7 und gerihten 118, 5.

Übrigens zeigen einige Psalmen abweichende Schreibung, besonders der zweite; hier steht 7mal unte und nur 2mal unde, ferner herre 7 und 12, im Anlaut f statt v in forhten, fon, ferwerfe, ferstêt, gegruntfastet.

Bei der jetzt folgenden Aufzählung der einzelnen grammatischen Erscheinungen citiere ich die Windberger Psalmen als W. Ps., die Citate H. Ztschr. ℇ beziehen sich auf die von Schmeller als Anhang zu den W. Ps. im 8. Bd. von Haupts Zeitschrift veröffentlichten kleineren Windberger Denkmälern, Diut. III. auf die schon von Graff im 3. Bd. der Diutisca pag. 493 ff. abgedruckten kleineren Stücke — beide aus derselben Handschrift (cod. Germ. Monac. 17 — Windberg 36); zusammen sind sie hier und da als kl. D. (kleine Denkmäler) angeführt.

Grammatik.

A. Lautlehre.

1. Vokale. A. Über Widerstand gegen den Umlaut wird weiter unten gehandelt werden. Schwächung zu e in der (= dar) 294, der vone 136, der ane 284, der mite 357; dagegen dar 149.290; dar ingegen 58.291, dar ane 116.152, dar ubere 47; [dâ 196 (inne), dâ mit 227. 363, dâ nah 316], denne = danne 172.176. me = man (s. auch unter Apokope) 92, 124, 203, 248, 249, 268; man steht, am Anfange des Verses, 256. — W. Ps. der steht besonders gern nach Relativis der der büet 2,4 die der wurchent 5,6 u. s. w., auch noch persönlichem Pronomen ir der stêt (qui statis) 134,2, ir der furhtit 134,21, ebenso 6, 8 u. s. w. me = man 41,4; 94,3; 105,15.34; 113,22; 118,87 (5 mal), H. Ztschr. 8,122.

E. Das e in herro ist nach dem Reime herren:verren 347 als kurz angenommen; das Adjektiv die hêren steht 75, 321. — Wir haben hier im Wesentlichen über die sehr häufige Vertretung des e durch i zu handeln; wieviel dieser i unorganisch sind und wieviel als Bewahrung alten Vokals angesehen werden dürfen, kann ich hier nicht erörtern; vgl. über das unorganische i (auch o, u, a) Weinhold A. Gr. § 23, B. Gr. § 20. Dies i also steht besonders in der Ableitungssilbe -ic, -ich z. B. bildiliche 162, sâlige 77, 108, 217, 328, schinich 161, übermæzzich 165, gnadiclich 178, 339, 304, nôtdurfticlîchen 214. lebentigen 231, heiligen 192, 317, milticliche 237, stætecliche 239, 303, diemuoticliche 355, sihtigen 377, den leidigen 365; manich 47; vreidigten:leidigten 211; andere Beispiele ingegen 58, 159, 160, inbor 80; engile 10, 47, 75 u. s. w., himil (himilisk) 8. 124, 143, übervengile 48, angistliche 114, maginchrefte 199, martirære 223, hemide 261, bridigen 322, zwîvile 361; michil 1. 2, zeichinit 185. Das Neutrum des Pronomens der 3. Person wird immer iz geschrieben, der Genetiv is 282; 346 steht es, doch ist das vorher anträdierte d (= des) noch zu erkennen. Superlative auf -ist oberist 8, êrist 45, 56, bezzist, suozzist 76. In Flexionssilben findet sich in der Deklination -is in umberingis 11, dînis (: finis) 81, saphîris (: îris) 107, sonst -es himiles 143, sinnes 155, glases (neben saphîris) 107 und oft auch im Reime (stuoles:wuoles 109); 31 steht alles werches dinis, also -is nur des Reimes wegen; -iz guissiz 132, einiz 275, êwigiz 357, ieglichiz 19, neheiniz 18; -ez getougenez 136, ietwederez 164, ienez 183, allez 225, 230, 283, 298, allez ane 330, 338. In der Konjugation sind -es, -est durchaus die Regel, -is nur in heizzis 25, micht findet sich auch -et (banad) ist 113 sizcet geschrieben, doch ist -it nicht selten; es steht als 3. Pers. Sing. wirdit 47, 78, 176, 198, 246, beginnit 56, erwirdit 61, erstirbit : verdirbit 61, geschihit 63, 307, schinit 64 (schinet 98), sîbit 92, 104, 308, schetewit 97, zeichinit 185, verwîsit 195, toilit 244, ringit fihtit 277. -it im Partic. Prätcrit. gefirmit, beschirmit 16, gecinnit:geminnit 83, geslihtit 278. In den W. Ps. hat dies i dieselbe Ausdehnung; nur einige Beispiele chunich (s. u.) himil 56,14, 138,7; michil 67,38; 137,6; 144,3 ubil 106,26; sâliger 1,1; 39,6; heiligen 67,39; 105,17; scheitilîn 67,24; egislîchiu 105,17; eigines, rehtiste, eiginlîchisto 105, 34; engil 94,8; oberist 18,7 — is steht 11,6; 33,4; 94,5; 98,6; 126,1.2; 128,6; 129,3; 140,11 und sonst, is 72,21; 34,25. (Auch irrationales u findet sich hier trunchumer 77,71; hungeruntem 106,96; genuhtsamanten 122,4). In der Flexion ist mir für -is eine Beispiel gegenwärtig, -iz einigemale in allijane, jo 50,4; 73,24, gewöhnlich aber -ez, ferner in getriuwiz, verlihuntiz 18,10; lichtiz, erliuhtentiz 18,11; verbrantiz, antfanchlîchiz 28or, rehtiz 32,7; 40,9; -es in offenez, sizcewetez 5,11 und sonst. In der Konjugation sind -es, -est und -et durchaus überwiegend; doch findet sich auch -it, sowohl in der 3. Pers. Sing. machit 67,22, zebrichit 67,24, gibit 67,39 als in der 2. Pers. Plur. chomit (venite) 65,15 und im Partiz. ingedunchit 67,26; gezalit 21,10; gemachit 7,14. In einigen Psalmen ist das Verhältnis etwas anders, so steht in Ps. 1 öfter -it als -et.

I. Einmal steht ie statt i in vertielge 325, wohl eine „konsonantische Brechung" — Weinh. B. Gr. § 90. Die meisten der von Weinhold angeführten Beispiele zeigen diese Brechung vor r und h, doch auch einige vor l (kiel); andererseits findet sich nicht ieht oder nieht trotz des Reimes mit lieht. — Die W. Ps. haben vertielgen 50, 2.10; 108, 12.19 (vertilgen 9,5; 68,33); zuweilen auch ieht 2,12; 94,3; 118,17; nieht 118,87. 107,15.

o und u. Einmal ist a vor h ʒu o verdumpft (Weinh. B. Gr. § 22) nämlich in widerwohsen (: ohsen) 235. ow für ouw steht stets vor Vokal (schowent 323, gestrowet: gefrowet 105 u. s. w.). Altes o ist bewahrt in heimôte 217 (Weinh. mhd. Gr. § 75); û für gewöhnliches uo steht in gemûset 205. W. Ps. Ich führe die Beispiele für die Verdumpfung von a ʒu o sämtlich an: daʒ wohs (cera) 21,4; 57,8; wohsen 67,2; 96,5; 118,9; H. Zischr. 8,190; gewohenet werde d. h. gewânet mit hinausschemmendem h (memoretur) 82,4. — ow ist vor Vokal — mit ganʒ seltenen Ausnahmen (beacouwede 141,2) — die einʒige Schreibung. Alles o in heimôte 115,8 und sonst; ʒu vergleichen ist duôch (für dwuoch) 72,13; suôr (für swuor) 88,4. — u für uo steht ʒ. B. in fûrtes du (transtulisti) 79,9; hûtten (custodiebant) 79,11; in dere wûste 105, 26.10, (öfter wuoste 64,14; 105,15; 106, 89.35 u. s. w.) Überhaupt ʒeigt sich Unsicherheit im Gebrauche von u, o, uo; vergl. gefuogelen (volatilibus) 78,2; uʒguoʒʒen (effuderunt) 78,3; ih ʒuohte (rapui) 68,6 und enʒuogen (detrahebant) 108,3; du fluoche 113,5; erhuocten 77,39 neben gehocten 77,47.

Umlaut ist im allgemeinen eingetreten in der alten Endung âri also havenœre, œhtœre, schephœre, suonœre — aber burgâre 106, martirâre 223; sonst findet sich umgelautetes und unumgelautetes a und â vgl. stœticliche, gnœdicliche, ubermœʒʒich — sâlige 77.108, nâhist 261, versmâhen 242, verlâʒʒest 361; manich 47, angistliche 114, anewanten 300 (wente 34). — Immer Umlaut wirkt die Endung iu bei a!: elliu 17, 204, 274, 315, 319; vielleicht gehören auch suœriu und gœhiu 206 hierher. 217 steht enphâhet: nœhet, 363 beswœret: vâret; da vorsmâhen (versmâhjan) und nâen*) (nâjan) ebensowenig Umlaut ʒeigen wie sâlige, nâhist, so habe ich enphâhet: nâhet geschrieben; da ferner in suœriu der Umlaut durch die Endung hervorgerufen sein kann, so ist auch beswâret in den Text aufgenommen. Der Umlaut von a (hente 21, mœge 348, erwente 350) ist ʒweimal œ geschrieben 97 scœtewit und ungœerliche 134 (in e geändert). Erwœnet 160 neben erwenet 328 leitet Leʒer von erwenden her (Ptc. erwendet erwant); er citiert außer unserer Stelle noch Jerosch. Ordenschr. 65; vielleicht ist es aber von erwanen (wan-jan) abʒuleiten; die Konstruktion mit ‚von‘ statt des Genetivs ist nicht viel auffälliger als bei erwenden. (Näheres weiter unten).

Die anderen Vokale ʒeigen keinen Umlaut, vgl. chunich 78.240, fure 138.252, notdurftic 214, erbôren, schône, muoden, zuomuose, wuotrib, diemuoticliche, suoʒʒist, urchuole. Die W. Ps. ʒeigen noch deutlicher, wie wenig fest der Umlaut durchgebrungen ist; neben einander stehen 113,18 helfære und schirmære, 118,114 helfâre unde enphahære; daneben findet sich noch heilæsri 1 Überschr. und schirmær 17,21; lœʒʒet 124,3 und verlæt 36, 41.49 neben verlâʒʒia 36or. Die Endung iu bewirkt auch Umlaut, also elliu — alliu ist ganʒ vereinʒelt 32,7 und Diut III, pag. 496 or. 5,3, hœʒu auch guiugiu wort endrin 105,34. Von hant überwiegen die umgelauteten Formen abgesehen von dem Dat. Plur. (hanten ʒ. B. 30,26; 122,2); d. gen. plur. hente 17,23; 38,17; 77,47; 91,4 (hante 119,8; 140,2), d. acc. plur. hente 30,6; 133,8; 143,1 u. s. w. Der Umlaut von a ist so geschrieben in geslæhte 77,73; 21, 27.30; 23,16; æʒcis (cibabis) 79,6; hænte (manu) 17 Überschr.; hænde unsere 43,23. — Andere Vokale: chunich 107,10; 134,10; 135,15 u. oft, ubil 7,6 u. s. w., uppich 138,19; 143,5.or; luge (Lüge) 5,6; slunige (velociter) 6,10; begruobe (sepeliret) 78,3; Umlaut findet sich besonders von ô, also neben erhôres 5,3, ʒestôres 8,3 steht ʒestœrten 10,3; hœret 48,1; tœtlichen, urlœsunge 74or, erlœse 7or; 48,18; 58,1 und sonst, nœte (afflictionis) 17,21.

Apokope eines auslautenden e ist nicht selten; nur unde steht etwa 60mal, so daß man das cine und 37 für einen Schreibfehler halten darf. Adverbia und Präpositionen behalten auslautendes schwaches e etwa ebenso oft als sie es verlieren, so von, vone; an, ane (anedwhte 137); vor, vore; vgl. der mite 357, dâ üffe 53. 65; here nâh 170, dar ubere 47. In der letʒten Hälfte des Gedichtes sind öfters auslautende e ausradiert, so bei an(e) 170. 179. 253; vor(e) 308 (vor 359 und sonst); grôʒʒem(e) 230; dîueme 239. 359; ieglichem(e) 244; neheiner(e) 292. Über die Apokope in Flexionssilben s. in der Formenlehre. Daß in der Aussprache oft mehr gekürʒt wurde als in der Schrift ist aus metrischen Gründen wahrscheinlich, besonders bei unde. Apokope des r findet sich in ave (aber), des n in me (man). In den W. Ps. ist das Verhältnis ähnlich; unde steht fast durchweg (unte in einigen Psalmen) — vone von Ps. 143; ane 130, 5, an 143, 3; 146, 7. — Die Citate für me sind bei dem Vokal a gegeben, die für ave sollen unter dem Konsonanten v folgen.

Synkope ist bis auf das e des Präfixes ge- nicht sehr beliebt; sie findet sich in anefâht 196, niderre 57, anderro 101 (gen. plur.), wadlic (wadelic) 349, (gnâde 60 u. s. w. estrich 105) — dagegen stehen die volleren Formen oberist 8, êrist 45. 56, oberere 58, anderen 66. 160. 327, edelen 83, buoh meisteren 122, haberen 270, des menniskon (öfter) gotelich 306, bilide 373; vorderet 70. In den W. Ps. ist im gen. plur. und dat. sing. fem. der possessiven Pronomina gewöhnlich synkopiert: unserre 20or, 136or, 48,14 und oft; sonst vgl. nideroreʒʒ (inferiora) 62,10; hintereriu (posteriora) 41,6; gebilidet 32,22; bilide 38,9; 46,4; oberist 18,7; menniskon und himilisken oft. (In einigen Fällen ist schwer ʒu entscheiden, ob Absicht oder Flüchtigkeit die Synkope bewirkt hat: weinnes (weinenes) 6,8; gebilidten (sculptibus) 70,24, verwuostten 78,7; gruntvestte 86,7; geleidgten 77,62, gœdiemuotgte 71or; sogar michelcheit 70,24; heilcheit 92,7; heilschmachunge 95,6 — oft stehen die vollen Formen daneben ʒ. B. 95,6 heilicheit, michillicheit.

———
*) naen steht in der Handschrift 267 u. baen 268, nicht næn u. bæn wie Leʒer (Lb. B.) annimmt; wir haben hier also die ʒusammengeʒogenen Formen (ahd. nâjan, bâhan.).

— 13 —

Besonders zu behandeln ist das e des Präfixes ge- vergleiche Weinhold mhb. Gr. § 30. — Synkope desselben vor folgendem l ist in der Schrift ausgedrückt in gliche, gluste, gloube, ieglich, glicherte; sonst ist das e geschrieben, die Synkope aber wohl nach dem Bedürfnisse des Verses vorgenommen in der Aussprache z. B. in gelach 52, geluogen 96, gelérten 128, gelangen 149, geliuteret 158. Vor n ist nur einmal ge geschrieben 89 genachen, sonst gnôte, gnâden, gnâsen, gnesent, gnôzschefte. Vor r greht 253. Vor m findet sich kein Beispiel von Synkope. Vor w gualt, guis, unguarlîche, guunnen, guirhten, guorht, badeguante, z. T. öfter vorkommend; aber gewichen 51, gewieret 103, gewizzenlih 126; über Synkope vor s s. in der Metrik; vor Vokalen geërten 327. In den W. Ps. ist der Gebrauch derselbe; nur ist vor l besonders die Synkope noch seltener ausgedrückt (gliche 134,19; 68,7); vor r greht 21, 7.8, gruohlichen (dignanter) 91or; vor n gnist 136,14; guuhtsame 121,6; 64,13; 71,7 (genuhsament 64,15); gnesene (salvos) 67,23; gnôjscaft 91or — genôtiget 106,28. Vor w gualt 61,11; 135,12; 144,12 u. s. w., guant 118,87 — anegewættet 64,15. — Vor Vokal ist Synkope selten (garnen allein öfter) geebenet 88,7, geêret 5,15; 88,8; 90,15; (gëret 77or).

2. Konsonanten. p. b. ph. Ersichtlich ist die Abneigung gegen labiale Tenuis — nur temperen 146 — (wie gegen gutturale im An- und Auslaut); vor m, d, s und vor Vokalen wird auch sonst auslautende Media beibehalten (Weinh. mhd. Gr. § 148), hier findet sich 62 lîb unce, lob singent 229.322, lob den 242, gib mir 305 (alle Beispiele). In der Zusammensetzung liblich 221, lieblich 218. ph steht anlautend in phalence, phlegeu, phlihten und einmal nach en (= ent) enpbliehen 4 (neben iutfliuhet 314); inlautend wie sonst im mhd. (schephære, schephen). W. Ps. gib in 4or, gab mir 12,6; grab often 13,5; lob dîn 50,16. Für inlautendes ph findet sich auch vereinzelt pf (begripfen 93, 10.21, aber ohne Konsequenz: opferet da3 opher 46) auch pph oppheren 67,33, H. Zschr. 8,135.

f. v. Anlautend steht f immer vor Konsonanten (r, l,) — außer enphlichen (s. o.) — vor Vokalen ist das Verhältnis folgendes: 1.) vor a einmal f anefûht 196, 7mal v vallen, vare, varwe, vaz, vervangen, vâret, varent, umbevangen. 2.) vor i 2mal f sîhtit 277, gefirmit 16; sonst v vindent, vil, vinstern, viske, vingerlîn. 3.) vor iu, u, uo immer f z. B.: furhte, fure, fiuhte, fiures, furstlih, fiunf, gefuoret, fuozze gefuore. 4.) vor e, ë, œ, ie(ia), o immer v, z. B.: ver-, verrer, geverte, vêh, anevehten, vier, viant, vorhten, vordéren, von, vore. Das Verhältnis entspricht dem von Weinh. mhd. Gr. § 159 als gewöhnlich vorkommend bezeichneten. — Inlautend steht f — wie sonst (Weinh. § 159) — in der Verbindung ft (über nôtdurten 157 ist schon gesprochen); für ph (Weinh. § 157) nach l — helfen — und nach Vokal, also gechlaffet:geschaffet 85; die Fälle von Verdoppelung nach langem Vokale weiter unten. Echtes v steht inlautend in erhevent 74, ave 90. 366, wervent (: fervent) 357, haveunre 120. wevel 256. In den W. Ps. wechselt f mit v etwa wie im Hmkr. nôtdurften 106, 6.13.19; 30,12; H. Zschr. 8, 135.143. Alles v in Kompositis von heven (er-, ûf-) 3,3; 62,6; 73,4; 74,4; 130or; 133or; H. Zschr. 8,135; uferheveunge (sic) 136or; ufhevennge 140,2; wirvit (quaerit) 36,48; habent erworven (obtinuerunt) 72,12; ave (s. unter Apokope). Vereinzelte Ausnahmen in hoven (atriis) 121,2; hebigiu 65,15.

w. Nach d, z, s wird u geschrieben z. B. beduingent 265, geduere 292, zuivile 361, zuir zuelf 347, suie 208, suarriu 206.. aber auch nach dem Präfix ge- ist diese Schreibung angewendet, wenn das e synkopiert wurde (s. Synkope). In den W. Ps. findet sich auch hier und da uu statt w im Anlaute uuarheite 70,25; uuenne 118, 84, uuillen 134or, uuerch 18,1, uuerlt 22or, uuort 53,2.

t. d. z. (z). d steht statt gewöhnlicher Tenuis in daret 18. Auslautend ist es stehen geblieben in ward diu 169, 175; ferner in der Komposition in leidwente 215. Die bairisch besonders beliebte Verbindung nt (Weinh. bair. Gr. 141) überwiegt auch hier bei weitem hanten, verente, lebentigen, ellente, anewanten, schiuhente, suiftente, untertan u. s. w. (nicht in iugende:tugende 15, verwandelet:verhandelet 283 und besonders nicht in unde). z wird im Anlaut vor e und i auch durch c vertreten cit, cinnen cîle 227, gecinnit 43, gecieret 104, vercigen 302, cechen 39 und besonders in ce, das meistens so erscheint. ze steht nur 8, 9, 23, 260, 261; zen (ze den) 85, 303 (über 30 ce). — Beispiele für z: zale, zeswen, zuei, zuelf, zungen, zusse, zieren, zeichinit, zierlîche, zuiwurft, zuivile, zuo (95, 107, 135, 144, 156, 166, 269). Übrigens steht neben gecieret 104 zieren 156, 286. z im Inlaut wird ganz überwiegend nach Konsonant durch den Buchstaben c wiedergegeben, so churces 20, hercen 24, 311, phalence 80, barmherce 188, gesmelcet, verhelcet 205, sulcen, mulcen 269; z steht nur in unze 194, 362, neben unce 54, 62, 201. Nach Vokal ist z geschrieben luzcel 40, dizce 55, sizcit 113, suizcet 114, gesezcede 148, besezcet 227, bizce 250, 290, chozce 280, sizcent 335; nur einmal einfaches c in wices 334. z wird stets verdoppelt heizzis 25, 184, suozze 71, muozze 72, mâzze 84, 245, grôzze 87, 230, dôzze 88, wizzen 177, 189, 193 u. s. w. Im Auslaut steht regelmäßig z. In den W. Ps. ist wie im Hmlr. n t durchaus die Regel — einige Beispiele mögen genügen: hante 8,6 und ost (hænde 43,23), ente 9,19, tugente 53,1 (tugende 59,12), wunter 9,1 (wunderlih 8,9), wantelunge 54,22, untir 9,29 (hunde 58,16) und im Partic. præs. gedingente 9or, tuonter 9,17 u. s. w. Ausgenommen ist auch hier unde; unte findet sich nur in einigen Psalmen mit auch sonst abweichenden Wortformen. Wollte man im Hmlr. die Form kürzen, so müßte man doch wohl unt schreiben wie in den W. Ps. hant 103,92, tugent 77, 67, stant (stuont) 34, 3.39; 81,1 u. s. w. (stand 73,23 ist vereinzelt). — z steht anlautend wie im Hmlr., d. h. es wird auch hier vor e und i zuweilen durch c vertreten, so cierde 64,13 (zieren 5,15or, 58or, 29,8) celen 74,2, ceigen 79.4 (zeigen ib. 8), ceben 32,4 (zehen 91,3), gecimberet 50,11, ceswen 90,7, 97or neben häufigerem zeswe(n) 15, 16or u. s. w. Man sieht, daß vor den beiden genannten Vokalen die Schreibung nicht fest war; eigentümlich ist, daß clt wie im Hmlr. beständig mit c geschrieben wird 9,26; 31,7; 33,1; 36,26; 58or; 60,14; 105,3; u. s. w. H. Zischr. 8,184 (2 mal), Diut. III, pg. 496 (nr. 5,6) — andrerseits überwiegt ze ganz bedeutend, wenn es nicht die allein vorkommende Form ist. Die Schreibung von zc und zz wie die von c nach Konsonanten ist auch in den W. Ps. durchgeführt. Ausnahmen sind selten, wenn man die große Masse der übereinstimmenden Fälle ins Auge faßt — für die Beispiele anzuführen überflüssig ist, da sie sich fast auf jeder Seite darbieten. Für die Schreibung von witze mit c finden sich auch hier Beispiele unwicigen 73,29; 74,4; 33,14; 48,10, zc ist aber häufiger 14or; 21,2; 37,7; 48, 14.23; 73,19; 91,6; 93,8. — unze steht immer mit z. — Am häufigsten findet sich noch für zc etwas anderes geschrieben: zz gesezzet 78,1; luzzel 118,87; besizzunge 134,4; reizze wir (provocamus) serner einfaches z(c) weizes (frumenti) 4,8; furesezunge 48,4; antluze 60or; sizunge 133.1; lecistiu (uovissima) H. Zischr. 8, 133. — Für c nach Konsonant zz hirzzen (cervorum) H. Zischr. 8,129, z pflanzes ibid. pg. 126, herzen 5,5.7; 25,2; 60,7; für zz einfaches z hazent (oderunt) 128,5; suozen 54,15 — sogar zc flozcet (liquefaciet) 147,7 — witze (poena) witzen (punire) 100or III (ob dies wie tz gesprochen wurde? Wackernagel führt die Form weitze an, vgl. Weinhb. mhd. Gr. § 186). Über auslautendes z ist nichts zu bemerken.

k. g. ch. Die Tenuis ist durchweg verschoben, im Anlaut chraft 2, 374, chint 12, 202, churces 20, chriechisk 25, 121, 184, chrieche 29, chan 43, chunich 78, 240, chunst 127, christeno 160, 240, bechlibent 237, chureseme 262, chör(en) 377 u. s. w., im Inlaut diche (saepe) 122, 360, 368; (valde) 209; (densus) 125; erwechen 200, roche 263, bedechen 264, linsoche 264, donerbliche 367 und in der Verbindung nch tunchel 125, 197; trinchen 270, 272. Erhalten hat sich nur das gemeinierte k (aus gg entstanden) in brucke 301, und eigentümlicher Weise gehuct 160. Beispiele für den Auslaut mach, dinch; alanch (stets in dieser Form) 63, 97, 193, 258 boch: stoch 247/48. k bleibt vor der Ableitungssilbe -lih (-heit), also unceganclih, gnædiclih u. s. w.; neben ewicheit 50 steht ewichheit 235. — Für auslautendes ch ist häufig h geschrieben, immer bei Abjectiven auf lih, also: ieglih 102, 376, gewizzenlih 126, hërlih 152, helflih 163, egeslih 164, gnædiclih 178, viantlih 293, heillih 252, geistlih 255, lih 261, lihlachen 281, glihente 297. Ferner in ih 60. 67. 90. 129. 130. 132. 133. 135. 137. 138. 144. 162. 266. 305, mih 133. 136. 139, sih 62. 144. 170. 300. 302. 313. 211. 217. 218. 232. 355, dih 10. 11. 34. 37. 42. 74. 138. 304. 347. 356, unsih 159. 178. 180. 190. 196. 340. 361. 366. 374; estrih 105, bloh 248, ungemah 250, buohmeister 122, höhstuol 109. Auch aus den W. Ps. genügt es für die regelmäßige Verschiebung der Tenuis einige Beispiele anzuführen. Im Anlaut unchust 9, 29; 5, 7; chint 2. B. 10, 5, chelich 10, 7; chéren 10, 1; chochare 10, 3 . . . Im Inlaut zuochen 7, 2; 9, 32; stricho 9, 33; screcho (= schricke) 9, 2; gedanchen 5, 12; boche (hirci) 49, 14; 65, 19 und oft. Ausgenommen von dieser Verschiebung ist nur auf g zurückgehendes k (wie im Hmlr. brucke), also rucke (tergum) 9, 3, in awicke (in invio) 106, 40; gedecket (b. h. gedeget zum Schweigen gebracht) 82, 1. (Betrinigelt bleckeze die blichezunge figura coruscationem 143, 7; blieche fulgura 134, 7)). Die oben erwähnte Bewahrung von k (c) vor t ist hier häufig; die Beispiele für gehucht, gehuctich werde ich weiter unten geben; hier einige andere (er-)bucte 77, 14. 39. 44. 47; 136, 1, bedacte 68, 10. 13; 43, 16; 63, 2; H. Zeitschr. 8, 127. geneicte 118, 102; erschractos 113or, gesuicte 38, 3; zucten 43, 11; zeicte 77, 14; 58, 11; gemarcten 65, 14; nemicten, bucten 56, 6 — auch g ist vor t beibehalten getotegte (mortificatus) 78, 2; digte 141, 1; neigte 74, 8; doch findet sich auch Wandlung in h zuohte (rapui) 68, 6; erstrahte 54, 23; bedahten H. Zeitschr. 8, 124. Auch im Auslaut ist ch das regelmäßige wech 5, 9; 1, 6; tach 1, 2; wach (=wåc) 35, 9; 103, 7; uppich 5, 10; berch 10, 1; gnadich 3or; alanch H. Zeitschr. 8, 144; dinch 6, 7; sanch 32, 5, sperlinch 10, 1; umberioch 3, 8 u. s. w. Ganz selten ist die Verschiebung nicht eingetreten (wenigstens nicht in der Schrift ausgedrückt) gebuctie 118, 49; umbering 97, 10; ursprinc 35or; salig, heilig 64, 4. G. Vor der Ableitungssilbe -lih ist auslautendes c wie es scheint öfter verschoben als bewahrt; es blieb in einiclih 39, 29; fleischliche 40or; haistiliche 6, 10; 118, 167; wirdicliche 6or; erwirdiclih 71, 4, einmuoticliche 82, 5; gedihteclichen 137or, 145or; snelliclichen 147, 4. — Dagegen gevellichlichen 9, 9; gnædichlichen, heilichlichen 40or, willichlichen 118, 108; ewichlichen, gedihteclichen 72or, ubrichlich 138or, 5, 11; 44. 7. 17.or; 36, 2; 38, 20; 67, 10; 68or; 91or. Vor -heit unrehticheit, reeticheit 50, 2; 51, 3 und jo immer; vgl heilicmachunge 131, 19. h für ch ist häufig werh 8, 4; 144, 9. 10 und sonst (werch 45, 8); sprah 15,2 H. Zeitschr. 8, 121; berah 77. 16. 18; ih, mih, dih, sih (Beispiele in Ps. 5. 6. 13. 62. 117) unsih 4or; 47, 18; 27or; 59, 1; 90, 19; 114or u. s. w. (mich 2, 7; dich 34, 25). Besonders häufig steht dies h bei den Abjectiven auf -lih eageslih 31, 7; grozlih 30, 34; loblih 47, 1; lobelih, egeslih 94, 4; wunterlih 74,2 (wunterlich 25, 7); lih 54or.

b. Vergröberung von h zu ch kommt nicht vor. Wir lesen im Inlaute höhe 3. 80. 155. 329, enphliehen 4; näher 36. 93. 261. 348, genæhen, sehen, gæhes, mit vëhen steinen, geschehen, verjehen, ziuhet.

enphâhet, nœhet, versmâhet, schiuhen, intfliubet, scuohe; im **Auslaut** näh 41, 170, 334, 343; doh 139; durh 163. 220. 270. 304. 366; noh 4. 33. 93. 193. 286 unb sonst; oft ouh unb iouh. Geschwunden ist das h in baen 268 (uhb. bûhan). Für die W. Ps. vgl. im Inlaut sahen 94,10; verjehen 95or; gehohet 93,2, hohiste 96,10, hohen 74,4; gesehen 97,5; vergihit 94,2; 74,1; enphahe 74,2: euphliehen 74,6 — im Auslaut besah 15,12; verlih 96or, ersih 85,15; ouh 94,9; durh 96or u. s. w.

sc. sk. sch. Im Anlaut steht überwiegend sch, viermal in der Form sč*) besčirmit 16, gesčaret 17, sčalle 82, wirtsčeŕte 239 (:wertschefte 240); geschaffet, gescharet, schalle - scaffe 60; schelle, schephære, wirtschefte, wertschefte, schephen, schedelichen, herschefte, gnôzschefte — scœtewit 97; geschihte, schinit, schînich, beschirmen (16. 341.); schöne (öfter) schiuhen, schowen — scuohe 265, sculden 342. Vor Konsonant (r) steht sc gescriben 30, umbescriben 35, scrift 192. — Inlautend wird immer sk geschrieben: gewasken 175, asken 176, nuskelîn 287, viske 269, fleiskes 329; himilisken 2. 377, mennisken 10, 311, 313, chriechisken 25. 121. 184, hebréisken 30, irdisken 330; menniscken ist geschrieben 173. Für den Auslaut ist der einzige Beleg fleisc 269. Zu den W. Ps. überwiegt im Anlaut wohl sc: scaf 8,7; 64,15; 77,76; bescowede 5,9; Ps. 9 (öfter) (beschowede 95,6); scate 143,5; 139,8.or (boschatewen 90,4.or); gescehen 138,10; gescaffen 148,5; 149,2; scuzlinge 79,12; unsculdicheite 77,78; scalch 122.2; 134,15; 142.13; (schalch 118.140); herscaft 8,2 (herschefte 143or; geschentot 96,7) u. s. w. Auch die obenerwähnte Form für sch findet sich in den W. Ps., wie die Schriftprobe von Graff zeigt, ist aber im Drucke aufgelöst. Inlautend ist sk Regel himilisken 5or und oft, irdiske 107,9; viske 8,8; ervorsket 138,2; diutisken 94,2; gedrosken 79,14 und so fort; daneben findet sich öfters sck dreskunge 59,13; 70,23; zuogemisckete 110or, vorsckte 118,56: ascken 147,5; seltener sc drescunge 78,2; 78,54; drescenten 77,47 ober sch wasche 6,6. Im Auslaut wechselt sc mit sk: fleisc 27,10; 55,4; 77, 31.44; 118,120; tisc 77, 22.24; fleisk 26,3: hiwisk 134,20; mennisk 55,1 (neben drawc.)

Konsonantenverdopplung ist nach langem Vokale sehr beliebt, so ist stets zz im Inlaut geschrieben (mâzze, grözze, dözze); ferner wird n, m verdoppelt in jenner 6, nieuner 300, iemmer und niemmer öfter, (chursenno 262); t in ettewie 371, gottes 116 (gote 72. 171); f in eliffen 51, uffe 53. 65, tieffe 148, 155, seiffe 285; aber die herren 243 gehört zu herro, das Adjectiv steht 75. 223. 321 (hêre); s. auch unter Konjugation.' Andererseits findet sich einfache Konsonanz in mitent 233, hine 6. Auch in den W. Ps. wird besonders f, t, m, n gern verdoppelt, auch nach langem Vokale z. B. üffen 9.4 und sonst, ruoffen 4,4; 13,9; 78,6 u. s. w.; slaffen 4,9; 12,4; 67,14; tieffe 68, 2.3. seitten 92,4; sitten (lateribus) 127,9; broitte 17,22, bebettent 70,11 (betent 15); erluetteret 65,11; beleittet 59,11: leittære 79,10. bitto (wartto) 54,8; gewitte 80,9 (witte ibid. or.); huotte 78,1 (Hmlr. 226 huote), tuontte 106,23. isenne 106,10; ettewenno 49,23; 97,23 — aber daneben etewenna 58,11 und ettewene 7,2; 27,1 — iemmer 51,9; 70, 8.5; 72,22; 73,24; 118, 44.111: 135,15; niemmer 76or (niemer 113or); torre (portas) 106, 16.18. Vereinfachung ist seltener; s. oben etewenne und vgl. hulo (velamentum) 90,4.

*) Die Form ist nicht genau gegeben; es müßte ein sc sein mit oben angesetztem '.

B. Formenlehre.

I. Deklination.

Substantiv — erwähnenswert ist nur der einmal sich findende Dat. Plur. auf -un: bî dinen gnâdun 60; sonst gnâden 172. 226. 312. Synkope und Apokope des e ist auch nach Liquida nicht beliebt; Sing. Dat. wazzere 169, geduere 292, wantele 260, Genet. sumeres, winteres 260. Plur. Rom. ubervengile 48, Genet. engile 47, wolchene 141, Dat. wunteren 191, Aff. christene 180, mantele 259. Für scuohe 265 möchte ich scuoh schreiben (wie in den W. Ps. steht), vgl. in dinem hûs 239. Daß man in der Sprache manches kürzte, macht die Verêbetonung und das erwähnte Ausradieren auslautender e wahrscheinlich. Adjectiv — Dat.Sg.M. Die volle Endung -eme nur 117 sineme, ferner ze alleme 226, eineme 189, sonst -em sinem 88, dînem 4. 41. 52 u. s. w.; das letzte e ist ausradiert in grözzeme 239, dînëme 239, leglichemo 244, diseme 253. Dat.Sg.F. dînere, glichere, allere; ausradiert ist das e in dînere 359 (zusammengeschrieben mit allerslaht 104). Gen.Sg.F. dînere nur 306; dînere 7. 14. 15. 148. 347, mînere, neheinere 117. bei neheiner 292 ist das e ausradiert; hierher gehört auch wohl 307 sô getânere êren, diu der dînen dâ geschihit u. s. w.; diu und die folgenden Relativpronomina weisen darauf hin, daß êren Singular ist. — e stellte sich dann zu den oben erwähnten anedœhten. Gen. Pl. immer die vollere Form dînere, allere, hiernach ist sogar gebildet unsere in unsere ieglichem jebem von uns 244 — eine Analogiebildung wie dire (tibi) W. Ps. 55, 6. W. Ps. Beispiele für die Bewahrung alter Endung sind schon oben gegeben. Apokope (Synkope) findet sich hier und da, so 35,15 mit dem bah; 68,36 die klô (ungulas), in dem hûs H.Zschr. 8,135. — Dagegen morgenes 54or, vone tribesale, morsene 54, 2,3, nah urteile 118, 149; dere wazere 118, 136, dere vingere 8,4, den ahselen 118or. Beim Abjectivum und possessiven Pronomen überwiegen im Dat. Sing. die Endungen -em, -er; im Genet. Plur. ist die gekürzte Form wenigstens nicht selten. Daß übrigens keine Konsequenz herrschte, beweisen Stellen wie 62,2 in übe minem unde in namen dineme; 65,16 zuo ime selbeme mit munde minem; 61or vermaneter (contempta) allere uppicheite — (en im Neutr. Plur. steht 103,12 alleu tier; 131,12 ebint dineu).

Pronomina — 1) Der Artikel (Relativpronomen). Im Sing. ist dere boge 145 jedenfalls verschrieben; der Dat. zeigt im Masc. überwiegend die volle Form deme, dem nur 161. 179. 305, im Fem. wie im ganzen Genet. (Sg. Fem. u. Pl.) erscheint durchweg dere. Der Nom. Sg. F. heißt diu, der Acc. Sg. F. und der Nom. und Acc. Pl. M. und N. die, der Instrumentalis diu (vone diu 25. 258. 267); der Nom. Pl. N. kommt nur in der Form dei vor. Im Dat. Sing. des Masculinums schwanken die W. Ps., doch überwiegt die apokopierte Form; zur Charakteristik des Gebrauches führe ich die Beispiele aus Ps. 1 an: in deme rate, an dem wege, uf demo stuole, (von demo — a quo), vone dem antluzce, an dem rate, an dem urteile, an dem gerihte; im Gen., Dat. Sing. Fem. sowie im Genet. Plur. überwiegt dere wenigstens bedeutend. Das Neutr. Plur. im Nominativ heißt dei — Verschreibungen sind nicht häufig: 21,33 (alliu diu hiwisk) wird alliu der Grund für den Irrtum sein; 77,8 dei chint die (filii, qui) das lateinische qui; sonst diu wazzer 147,7; diu ehint 126,5; 127,7.

2) Pronomen personale. Im Acc. Pl. der 1. Pers. stets unsih (9 mal); in der 3. Pers. ist die konsequente Scheidung von si und sie bemerkenswert — ich habe si geschrieben, trotzdem die Länge nicht sicher ist (B. Gr. 360) — Nom. Sg. F. si 72. 100. 101. 200.; Acc. Sg. F. sie (neben si ei) 94.; Nom. Pl. M. immer (31mal) si, (358 ist das e von sie nachträglich ausradiert.) Nom. Pl. F. si 288. Nom. Pl. N. si 63, 165, 166; augenscheinlich verschrieben ist sie bediu 163, worauf gleich zweimal si folgt (165. 166). Acc. Pl. M. sie 212. 236. 250; das (übergeschriebene) si 119 unde brichet si zesamene muß wohl als Neutr. Pl. auf das vorhergehende liute unde diete bezogen werden; das folgende die hat dann freiere Beziehung, ich habe deshalb nicht geändert. Acc. Pl. N. si 41. 42. 43. 320 (119 f. o.) Hiernach scheint die Regel zu sein, daß der Nominativ si hat, der Akkusativ — natürlich mit Ausnahme des Neutrums — sie; danach ist 323 si Nom. Pl. N. nicht Acc. Pl. F. Der Dat. Sg. M. heißt stets ime, der Genet., Dat. Sg. F. und der Genet. Pl. ire. Für die W. Ps. ist zu bemerken, daß der Acc. Pl. der 1. Pers. ebenfalls unsih heißt; in der 3. Pers. herrscht auch deutlich erkennbar die Regel, daß si Nom. (und Acc.) sie Acc. ist — doch sind ziemlich viele Ausnahmen da; si und sie (ei) neben einander 5,12; ebenso 63,3 si, sie, si (ei) und 144,11; sie (ei) ferner 103,26; 106,22; si (eos) 104,17 und sonst.; — sie (ea) 147,7; besser als durch bloße Aufzählung von Ausnahmen wird das Verhältnis klargestellt werden durch Zählung der Fälle in einzelnen Psalmen: so heißt in Psalm 77 si (ei) 31mal, sie (ei) 1mal, sie (eos) 14mal, si (eos) gar nicht in Ps. 105 si (ei) 23mal, sie (ei) einmal; sie (eos) 16mal, si (eos) gar nicht. Der Dat. Sg. heißt ime; imo dafür 73,3; 88,26; 2, 6.13; 4,4; 7,14; Pl. 20; aber auch der Acc. Sg. bewahrte die lange Form inen; in steht 105, 29.32 und sonst selten.

3) Pronomen possessivum. Ueber die Endung ist schon beim Abjektivum gehandelt; das Pronom. possess. der dritten Person kommt nicht vor, wenigstens hat man keinen Grund es anzunehmen; vgl. in ire huote 93, zuo ire herren liebo 95, mit ire gote 72, in ire chrasten sezzelen 335; besonders ist 352 noh von ime abegeleitet werden iro gnozschafte b. h., daß sie nicht der Gemeinschaft mit ihnen abspenstig gemacht werden. Auch in den W. Ps. scheint ein possessives Pronomen nicht vorzukommen; vgl. dem nahisten ire, in herzen ire 27,4; nah werchen ire, nah der ubile bevintnusside ir selber 27,5; nah den werchen hante ire, lon iro 27,6.

II. Konjugation.

2. Pl. Sg. Ind. Prf. Die gewöhnliche Endung ist die ohne antretendes t (22mal — im Reime 19 und 223, aber nicht beweisend), -st, -est steht in hast 21. 33 (hast du) 84. 85 (has 106. 227. 230), bist 78 (bis 1. 32) zechest 39, höbest 40. — 1. Pl. Pl. Die ganz gebräuchliche Endung bes n vor dem Pronomen findet sich hier in verente wir, lâzze wir, mage wir u. f. w. Die 3. Pl. Pl endigt immer auf -ent; der Genetiv des Infinitivs hat das volle nn in wesennes 73, cerluogenne 130. — Sîn: Die 1. Pl. Pl. wir birn steht 363; von haben finden sich im Prät. Ind. hêtte 95. 171. 300. 320, Conj. hiete 154. Von wellen heißt die 2. Pers. Sing. Pl. Präs. wil 20. 39 (: vil). 241. Von mac lautet der Plur. magen 34. 150. 189. In den W. Ps. erscheint die 2. Pers. Sing. Präs. fast immer ohne t (statt 90,9; hast 92or). Abwertung der Flexionsendung bei folgendem Personalpronomen findet sich in allen Personen (s. Graff zu 2, 3). — Der Genet., Dat. des Infinitivs wesennes 106,7, tuonnes 67,23, entsagenne 140,4, ze wisenne, sehenne, erzennne 67,17; 58,6 (auch in den besten deutschen Psalmen 9,31, verholenne lâge occultas insidias 9or) und so läßt immer (Ausnahmen zentsculdigene 140,4; riuwenes 100or III; buwenes (habitationis!) 106,7; trincheues (poculi!) 22or=Hmft. 272); — haben: gevangen hêten (ceperant) 105,44; uberwaten hiete (pertransisset) 123,5; ih hiete gegeben (dedissem) 50, 17; .. gesprochen 54, 12.13; 123, 3.4. sîn: bir wir 125,14; ir birt 4,3. wellen: Die Form wil kann ich in den Psalmen nicht finden. mac: Belege für die W. Ps. giebt Weinh. mhd. Gr. § 392.

C. Besonderheiten.

Ich fasse unter dieser Überschrift eine Anzahl Worte zusammen, die entweder im Hmlr. und den W. Ps. zusammen oder in einem der beiden Denkmäler allein vorkommen, sonst selten oder gar nicht; auch eigentümliche Schreibungen häufiger Wörter, für die in der Lautlehre kein rechter Platz war, will ich hier belegen. Meine Absicht dabei war, ein Bild von dem eigentümlichen Wortschatze beider Denkmäler zu geben, und ich habe mich deshalb nicht streng auf das beschränkt, was beiden gemeinsam ist. Da das Angeführte wesentlich in den Bereich des Lexikons gehört, so bezeichne ich in den mhd. Wörterbüchern (Müller, Lexer) gar nicht citiertes mit einem Kreuze †, Formen, für welche die angeführten Belegstellen fehlen, mit einem Sterne *.

† wihstuom erwähnt nur Wackernagel in seinem Wörterbuch zum ab. Lesebuche; es steht immer im Hmlr. (7. 49. 230.) Man scheint das h gesprochen zu haben, denn auch in den W. Ps. ist diese Schreibung die gewöhnliche: wihstuom 104,21; 110,11.or; 146,5; H. Zeitschr. 8,189: wihsheit 48,9.or; 50,7; 74or; 89,14; 108,25; 106,27; unwihsheite 68,7; wihsliche 57,5; 93or; wihsen (prudentem) 118,98 — wihsage (und davon abgeleitete Formen) 64 überichr.; 104,5; 118,87; 96or; 73,10; H. Zeitschr. 8, 124.127 — wis habe ich gefunden 36,45.or; 46,7.or; 52or; 94or. Man vergleiche hiermit die Schreibung wahs (acutus) 44,10; 61,2; 119,4; übrigens schreibt so auch der Trierer Codex, den Graff unter der Windberger Übersetzung abgedruckt hat; sonderbarer Weise beide nicht 56,6 (wassez W. Ps., wessij cod. Trev.) — *jouh erscheint stets in dieser (ahd.) Form: 10. 22. 73. 74. 99. 101. 125. 132. 141. 243. 281. 366. 367. Es auch fast immer in den W. Ps. z. B. 1,2: 8,7; 27or; 58or; 67,9; 70,27; danach ist auch jedenfalls 54,10 io in iouh zu vervollständigen, nicht in ioh (Graff); H. Zeitschr. 8,133 (2 mal). 134; Diut. III S. 496 (nr. 5,4). — halt (sed) gehört vornehmlich den W. Ps. an, sonst ist es selten, Hmlr. 312, W. Ps. z. B. 70,27; 73or; 100or III; 113, 9.26; 117.17. — * allez ane (sonst alzane) 330. 338. (= semper, wie iemmerane 46); in den W. Ps. ist allez ane fast alleinige Übersetzung von semper (daneben wohl ie unde io, iemmerane 118, 44.117) z. B. 59or; 69or; 71,15; 73,24; 94,9; 102or; 106,15; 108, 14.16; 118,109; Diut. III S. 495 (nr. 5,1). — Das seltsame bolstære (statt bolster) 279 vergleicht sich mit saltære (psalterium) W. Ps. 80,2. — glûche 143: Lexer citiert unter geloue und unter glûche; varwe kann in der Thal Subst. und Adject. sein (179.263), doch scheint die Parallelstelle 179 des louges varwe, in der ‚des louges‘ sich zu ‚varwe‘ verhält wie oben glûche, b. h. attributiv, dafür zu sprechen, daß glûche Adjectiv ist und varwe Substantiv. — heifte 166; vgl. W. Ps. 108,1; 118, 140.167; diu heifte 68, 8.19; heiften (vehementibus) H. Zeitschr. 8,125; (f. sonst über das Wort Pech, Germ. 8,480) — *von osteret in westeret 9; W. Ps. ze dem osteret (ad orientem) 67,37; noch von osteret ob von westeret 74,6 [es steht ôstent in der Handschrift; Lexer führt noch ein Beispiel für diese Form an, doch schreibt ôsteret Pf. 67 und die Bildung westeret für ein Verschreiben; n und r zu verwechseln ist leicht: es geschah auch wohl in chunter (gregem) 77,57 für chorter, denn chorteren ist einige Berse weiter (76) die Übersetzung von gregibus] vergleiche auch † vone süderet (gefchr. suu ...) ab austro H. Zeitschr. 8,127. — *nihne hat stets diese Form, nicht die gewöhnliche (niene) 289. 309. 311. 344. 361, 189 nih ne); ebenso herrscht diese Form in den W. Ps.; mehrere Belege stehen in den ersten Psalmen; einige andere aus späteren: 58,14; 63,4; 94,12; 117,6; Pf. 68; Pf. 113; Pf.118 u.f.w.; H. Zch. 8,121.126.129.132; Diut. III, 494. — diu gehucht (memoria das Denken or) 160; W. Ps. *din gehuct (memoria) 9,7; 29or; 33,22; 96,13; 110,4; 111,7; 118, 18.14; 144,7; H. Zeitschr. 8, 183.186. † gehuct (memor) 41,10; 44,26; 104,8; 105,43; 110,6; 113,21; 136,8; 142,5. † gehuctich (memor) 6,5; 19,4; 48or; 62,8; 78, 2.19.23; 86,3; 87,6; 88,54; 102,18; 104,41; 105,7; 118, 49,52,55; 181or; 135or. † gehuctlih 134,14 ist vielleicht verschrieben. † ungehuct (immemor) 21or. gehuhtich ist mir nur 135,23 aufgefallen. — enne 312 (obene): Lexer citiert *ennân (‚von dort her") hat nur dies Citat; das Wort findet sich noch in den W. Ps. *ennen obene 77,27; ennen verre 137,7; 188,2. — vernunstich 376 nicht mit ft (Lexer); überhaupt steht vernunst auch durchweg in den W. Ps. (z. B. 31, 9.13) — herro und vîant haben im Hmlr. immer ungeschwächtes e, ebenso gewöhnlich er; nur Ausnahmen sind bei mir mit kl. D. zur H. Zeitschr. 8,129 herre und in einigen wenigen Psalmen.) vîant steht z. B. 5,9; 6,7.10 ... H. Zeitschr. 8, 135.136, (vierte 11or; 17or; 9,27; 37,23.) — ôwî: ob das o lang oder kurz ist, läßt sich nicht entscheiden; ich habe es im Hmlr. als lang angesetzt, weil das Wort 216 (ôwî wie schöne) zwei Hebungen tragen muß; im Inneren des Satzes steht es 65. Ebenso eingeschoben ist es in den W. Ps. 9,2 ih salm singe namen dînem own du hôhiste; mit folgendem wie findet es sich öfter owi harro .. wie wunderlih 8,9; owi wie michil 30,94; owi wie harte berht ez ist 22,8; owi wie liebsame 83,1. — gesuiften 42; *du gesuiftes (mitigas) W. Ps. 88,10. — antreiten 39, antreiteore 151; *W. Ps. antreittent (ordinant) 49,6; antreiteore (dispositor, neben zechare) 33or. — umbevart: *in der wîten umbeverte des hohstuoles 109; vgl. *W. Ps. 11,9 in der umbeverte (in circuitu) der unguoten; 80,23 die lasterunge maniger ensamit wonenter in der umbeverte; 49,4 in umbeverte siner. — leidwente 215, wohl nicht „Wendung zur Betrübnis" (Lexer) sondern einfach „Uebel, Beschwerde" vgl. *leitwentich (molestus) W. Ps. 54,3. — gestungen 318 (unde in inwertes gestunges salubri compunctione); vgl. W. Ps. *einen gestungenten (compunctum) in dem herzen 108,5 und † gestungede, das neben riuwe 59,4 Übersetzung von

compunctio ift. — vernozzen (reumütig) 235; vgl. *W. Ps. 146,3 die vernozzenen (contritos) in dem herzen; des fernozzenen hercen bor. — ágezzel 336; vgl. W. Ps. niht agezle wisit des armen 9,19; obe ih agezzel wirde din (si oblitus fuero tui) 136,6; der agezzele als Überſetzung von Manasse 107,9. *diu agezzele (oblivio) 30,21 (der agezzelen gegeben bin ih); 136,6 (dere agezzele werde gegeben zaswe min). — mâne 291, mâninne 100; auch in den W. Ps. findet ſich neben dem gebräuchlicheren mâninne hier und da mâne z. B. 148,3; ebenſo in den kl. D.

Nur im Hmlr. allein finden ſich — nach den Citaten der mhd. Wörterbücher[1]) — ewarzmâl 265, gedwer (getwer) nur Hmlr. 292, erlenken nur 300; wadlih (in disem wadligen ellente) 349; für *abeleiten (abſpenſtig machen) führt Lexer eine andere Stelle an, hier ſteht es 352; †glîherte 297 ire wesen ist gezechet in michelre glîherte, also etwa Harmonie (v. gelīhern); benīchen (ſich neigen) ſteht nur Hmlr. 91: harte Aspiration von inlautendem g iſt auffällig, Aspiration zu gh in der Oberpfalz nicht ungewöhnlich (Oberaltach liegt hart an der Grenze), aus den W. Ps. vergl. sigh (palma) 1180r, dazu Weinh. B. Gr. § 177. — erwanen: ich habe ſchon oben von dem Worte geſprochen; 328 ſteht erwenet, 160 erwanet (: manet). Das erſtere mag für erwendet (erwant) ſtehen (abgewendet von der Luſt des Fleiſches), das letztere kann nur von erwanen, für das Lexer ein Citat aus der Krone beibringt, herkommen und iſt unter erwenden zu ſtreichen — denn erwanet kann kein Partizip sein, sondern nur die 3. Perſ. Sing. Indic. Präſ. (Subjekt iſt diu gehuct (memoria) und ein abhängiger Genetiv). Ziemlich selten iſt auch diu âtemzuht 146. — Aus dem W. Ps. möchte ich noch zwei ſeltene Worte anführen, nämlich das Verbum zu anedâht (intentio) †anedenchen: anedenche der stimme fliege miner intende voci etc. 85,5; 79,1; mîn liut nihne anedâhte mir non intendit mihi 80,10, und †vazze (burde) stf. ahd. vazza; 136or ſteht diu vazze dere schulde.

---

1) geruozzen 266 (ruſſig werden, Lexer) gehört nicht hierher, iſt vielmehr = grüezen: ich wâne io dere durften deheiniu geruozze dort klopft keine Not an (bedrängt): Belege zu dieſer Bedeutung giebt Lexer u. b. B.; auch die Nebenform geruzzen, die mit unſerer ganz gleich ſteht, führt er an (Gen. 45,41).

Der Dichter und sein Werk.

A. Zur Beurteilung des Gedichtes.

Zum Schluß komme ich zu dem Dichter und dem Inhalte seines Werkes. Ueber seine Lebenszeit wird ſich nichts ſicheres ſagen laſſen; die Windberger Pſalmen ſind 1187 geschrieben: in dieſe Zeit, also in die zweite Hälfte des 12. Jahrhunderts, wird auch unſer Gedicht fallen. Ueber des Dichters Leistung liegen zwei etwas ausführlichere Beſprechungen vor, die eine von Scherer[1]) die andere von Steinmeyer[2]). Beide stimmen überein in ihrer ziemlich abfälligen Beurteilung derſelben.

---

1) Geſch. b. d. Dichtung im 11. und 12. Jh. (Quell. u. Forſch. XII, pg. 101). Inmitten ſolcher Schilderungen des Jenſeits nimmt ſich ſeltſam aus das Gedicht vom Himmelreich, das ein bairiſcher Mönch um das Jahr 1187 verfaßte. Seltſam ſind ſchon die wunderlich langen Verſe mit zweiſilbigen Reimen . . . Seltſamer der erzproſaiſche Sinn, in welchem der Verfaſſer ſeine Aufgabe löſt. Um zu zeigen, wie ſehr der Himmel über alle irdiſchen Bedürfniſſe hinaus iſt, zählt er dieſe Bedürfniſſe einzeln auf . . die ganze altdeutſche Garderobe wird durchgenommen . . es folgt ein Speiſezettel . . kurz, ein Bild des ganzen Erdenlebens entrollt der Dichter, der uns von dem Himmelreich berichten will. Er iſt eine eigentümliche Natur, die an der proſaiſchen Wahrheit behagen lateiniſche Worte ein und etymologiſiert gern (iris abgeleitet von εἰρήνη 184). Zieht man aber Stand und Alter des Verfaſſers in Rückſicht, ſo erſcheint ſeine Leistung unverächtlich: bei richtiger Anleitung harmoniſch entwickelt würde die formelle Gewandheit, die Kraft der Diction, die fruchtbare Phantaſie, welche in dem Gedichte zu Tage treten, bedeutendes haben erhoffen laſſen. Gerade bei Geiſtlichen mochte die Form negativer Schilderung durch Beichten, Sündenklagen, auch wohl durch die Predigt nahe gelegt ſein: immerhin offenbart die Weiſe, wie der Verfaſſer des Himmel=

2) Haupts Zeitſchr. XX, Anzeiger pg. 240 (zu Seite 101 von Scherers Geſch. des 11. u. 12. Jh.) . . . Scherer beſpricht das bairiſche Gedicht vom Himmelreich. Mit ſeiner Charakteriſtik beſſelben bin ich nicht ganz einverstanden. Mit ihm iſt unzweifelhaft, daß wir eine Arbeit eines bairiſchen Kloſterſchülers vor uns haben, der lateiniſche Hexameter deutlich nachzuahmen verſuchte (vergleiche Haupt zum übelen wîbe 787) und zugleich ein Specimen ſeiner theologiſch ſymboliſchen Kenntniſſe geben wollte. Mit ſeiner friſch erworbenen Gelehrſamkeit (mîn magezoge 139) prunkt er gewaltig: er miſcht mit beſonderem Behagen lateiniſche Worte ein und etymologiſiert gern (iris abgeleitet von εἰρήνη 184). Zieht man aber Stand und Alter des Verfaſſers in Rückſicht, ſo erſcheint ſeine Leistung unverächtlich: bei richtiger Anleitung harmoniſch entwickelt würde die formelle Gewandheit, die Kraft der Diction, die fruchtbare Phantaſie, welche in dem Gedichte zu Tage treten, bedeutendes haben erhoffen laſſen. Gerade bei Geiſtlichen mochte die Form negativer Schilderung durch Beichten, Sündenklagen, auch wohl durch die Predigt nahe gelegt ſein: immerhin offenbart die Weiſe, wie der Verfaſſer des Himmel=

Ich will nicht mit Scherer über den poetischen Wert des Gedichtes rechten, aber man darf die großen Schwierigkeiten nicht übersehen, mit denen der Dichter zu kämpfen hatte. Er ist ein frommer Mann, dem augenscheinlich der Preis des Himmelreiches Herzensſache iſt. Nun erſchiene es ihm aber als ein ſchlechtes Lob Gottes, wenn er zwiſchen die Worte der Bibel ſeine eigene Weisheit miſchen wollte, vielleicht ſogar trotz ſeines ernſten und tiefen Nachdenkens Falſches über die Geheimniſſe des Himmels berichtete. Man kann dieſen Standpunkt wohl begreifen — Aengſtlichkeit möchte ich es nicht nennen. Dadurch aber war ſein Stoff ſehr beſchränkt; was die Bibel ihm bot, hat er redlich ausgenutzt (vgl. die Inhaltsangabe): es war eben nicht viel. Deshalb mochte ihm die Schilderung durch Negation erwünſcht ſein, denn ſie erlaubte Ausführungen, welche die Bibel nur andeutete und welche doch von der Wahrheit nicht abwichen; ſo hat ſie denn auch wohl einen verhältnißmäßig großen Umfang bekommen (etwa 50 Verſe). Daß dieſe Art der Schilderung exproſaiſch iſt, beſtreitet auch Steinmeyer. In der That iſt ſie ganz an ihrem Platze, wenn es ſich um die Veranſchaulichung von etwas handelt, das nicht im Gebiete ſinnlicher Wahrnehmung liegt, wie von übergroßer Herrlichkeit und Glückſeligkeit oder vom Gegenteil.[1]) Zu der Beſchränktheit des bibliſchen Stoffes kam noch, daß er ſeiner Natur nach unpoetiſch war, vor allen Dingen einer weiteren Ausführung widerſtrebte; das zeigen zur Genüge die öfters gemachten Verſuche, beſonders die, welche in des Honorius Elucidarium (III, 17—19 und ſonſt) ſich finden. Dergleichen vermieden zu haben, wo die Zeit dazu neigte, iſt auch ein Lob.

Steinmeyers Anerkennung hat die Jugendlichkeit des Dichters zur Vorausſetzung, die er aus ſeiner Freude an lateiniſchen Worten und am Etymologiſieren ſchließt. Nun erklären ſich aber die erſteren viel ungezwungener dadurch, daß das Gedicht ein theologiſches iſt: alle Begriffe und Worte, mit denen der Dichter operiert, lagen ihm in lateiniſcher Form vor und floſſen ſo leicht in den Text; bann iſt aber auch dieſe Dichtung, was die Schwierigkeit anbelangt, gar nicht zu vergleichen etwa mit dem Inverſetzen irgend einer bibliſchen Erzählung, ſchon deshalb nicht, weil ſie aus Teilen der an ſich dunkeln Apokalypſe zuſammengeſetzt iſt — die hier vorkommenden Worte waren zum Teil gar nicht erſetzbar, wenigſtens techniſch vgl. Johannis revelatio 25, initium unde finis 32, canoro jubilo 75[2]), oblectamenta carnis 315, salubris compunctio 318, quatuor animalia 321, viginti quatuor seniores 337, firmamentum 45, elementis 146, archa 171, natura 320, in dir spiritu fervent 357, celestis medele 332, coronas 354. Andere ſcheinen aus Reimnot gewählt domine Jesu Christe:evangelista 27, centum:firmamentum 45, diurno:turne 82, animae calentis:elementis 145, unctione:compunctione 317, profutura:natura 319, inter alia:animalia 322, universalia 326. Für die Verwendung von einigen hat vielleicht auch das Metrum geſprochen, Behagen an lateiniſchen Worten ſicherlich am wenigſten. Für Neigung des Dichters zur Etymologie weiß ich auch nur das eine Beiſpiel 184: bei Irin lag εἰρήνη (irini geſprochen) nahe genug. Weitere Gründe für „gewaltiges Prunken mit Gelehrſamkeit" kann ich überhaupt nicht finden; überall ſpricht der Dichter von ſich und ſeinem Wiſſen mit der größten Beſcheidenheit: er fürchtet, daß ihn ſein Unbedacht zu falſchen Schlüſſen führen könnte 129—138, er glaubt ſich nicht in der rechten Weiſe geiſtig in die Wunder des Herrn vertieft zu haben 189—192, er zählt ſich zu den smahvolchen 126. Die Erwähnung ſeines Lehrers iſt ſo zu verſtehen, daß der Dichter ihm die Verantwortung für den grundlegenden Satz überläßt, von dem er bei der allegoriſchen Auslegung des Regenbogens ausgeht, (das 139 iſt Relativ) : was man die Knaben lehrt, iſt doch wohl etwas Allgemein für richtig gehaltenes. Während man ſolches gegen Steinmeyers Gründe einwenden kann, läßt andererſeits mancherlei auf einen gereiften Mann ſchließen : des

reiche die Detailbedürfniſſe des irdiſchen Lebens Revue paſſieren läßt, um wenigſtens mittels ihrer Negierung eine Idee von der ganz anders gearteten Exiſtenz im Himmel zu geben, für deren Schilderung er ſonſt auf die Variation verbrauchter Vorſtellungen angewieſen geweſen wäre, Reichtum und Originalität der Anſchauung. Denn ſo ſehr verbreitet iſt dieſe Art der Schilderung durch Negation bei unſern mittelalterlichen Dichtern nicht: ſie findet ſich nur bei ſolchen, denen eine Ader friſchen Humors zu Gebote ſteht, bei Wolfram von Eſchenbach, bei dem Dichter des übelen wîbes, bei Heinrich von Neuſtadt und einigen anderen.

1) Der Bequemlichkeit wegen iſt der Ausdruck Schilderung durch Negation beibehalten, trotzdem von Schilderung natürlich nicht die Rede iſt; hier ſoll die völlige Bedürfnisloſigkeit im Himmel veranſchaulicht werden (ih wæne is dere durftin deheiniu goruozze 266). In ganz ähnlicher Weiſe veranſchaulicht Hartmann von Aue im armen Heinrich (781 f.) die abſolute Glückſeligkeit im Himmel: da enstirbet ros niemen alt | da enmûent din element nie memen kint | da enist ze heis noch ze kalt | da wirt von jâren niemen alt | der alte wirt junger | da enist frost noh hunger | da enist deheiner slahte leit . . . Das ſind freilich nur 7 Verſe, Hartmann will auch nicht das Himmelreich beſingen; er erwähnt es nur beiläufig. Vgl. auch die Beſchreibung des Edelſteins in Hugo von Langenſteins Martina (Graff Diut. II pg. 141.)

2) Auch der Überſetzer der Pſalmen hält es für nötig, das „iuwe wir" (jubilemus) zu erklären 94,2: Jubilum et jubilatio, daz jr diche aindet in deme saltare, daz chuit rehte in diutiskem in unde juwezunge u. b. folgd. Dergleichen Erläuterungen auch 105,34; 113,22; 118,87 u. ſonſt. Oft ſah ſich der Überſetzer veranlaßt, für ein lateiniſches Wort zwei oder drei deutſche zu ſetzen.

Dichters ausgedehnte Kenntnis der Bibel und fremder Sprachen — wieviel er vom griechischen (alpha et ω, εἰρήνη) und hebräischen (30) verstand, können wir zwar nicht wissen —, die geschickte Anordnung und Behandlung des Stoffes, (darüber weiter unten), die Sorgfalt in Versbau, Reim und Schreibung, schließlich sein selbständiges Nachdenken über die göttlichen Geheimnisse 129f.

Das ganze Gerippe des Gedichtes stammt aus der Apokalypse, die der Dichter selbst im Anfang erwähnt (Johannis revelatio 26); nebenher sind auch Psalmenstellen benutzt, eine andere Quelle kann ich nicht nachweisen; die Art, wie der Dichter mit seiner Persönlichkeit hervortritt, macht auch die Annahme der Benutzung einer unserm Gedichte näher stehenden Ueberarbeitung der Apokalypse- und Psalmenstellen unwahrscheinlich; einiges, das nicht aus der Bibel floß, gehört den dogmatischen Lehren seiner Zeit an (die drei Reiche). Mit gleichzeitigen Gedichten zeigt sich nur insofern wesentlichere Uebereinstimmung, als sie selbst aus der Apokalypse flossen (s. z. 102). Die benutzten Bibelstellen sind hinter dem Texte angefügt; wo die Bibel nicht die Quelle war, auch wohl Aehnliches aus gleichzeitigen Dichtungen und dem Elucidarium des Honorius. Die Psalmen citiere ich dabei aus naheliegenden Gründen nach der Windberger Ueberjetzung, die anderen Bibelstellen nach der Vulgata. Ueber den Stil in unserm Denkmale ist nur zu sagen, daß er sehr reich ist an synonymen Ausdrücken, überhaupt eine gewisse Fülle zeigt, auf die ja auch Steinmeyer aufmerksam macht; vgl. 4 enphlieben noh entwichen, 5 wænen noh sinnen, 16 sint gefirmit sint beschirmit, 34 stete noh wente, 39 waltes, gehaltes, rihtes, phlihtes, zechest, antreites u. s. w.

B. Inhaltsübersicht.

1—95. Der Dichter beginnt mit dem Psalmworte Magnus dominus et laudabilis nimis in civitate dei nostri, in monte sancto eius (47,1; s. zu v. 1). An die Ausführung dieses Gedankens knüpft sich zwanglos die Angabe seiner Quelle: deshalb heißt Gott mit Recht alpha und ω, wie uns der Evangelist Johannes in seiner Offenbarung kund thut. Gottes gewaltige von nichts zu umfassende Macht beherrscht drei Reiche, das irdische (terra morientium), das firmamentum (terra viventium) und das über beide erhabene, herrliche Himmelreich. So leitet der Dichter geschickt, von dem allgemeinen Gedanken der Größe Gottes ausgehend, auf sein Thema über. Von dem Himmelreiche will er handeln (4 sagen), denn solche Beschäftigung ist ihm vor allen anderen lieb, er tritt dadurch gleichsam in einen lebendigen Verkehr mit Gott (lantrehten nennt er es 72). Dort in dem mit ewigem Gesange der Engel und süßem Duft erfüllten Himmel wird die Burg Gottes gebaut — hier wie überall umschreibt und erläutert unser Dichter den in der Apokalypse gefundenen Gedanken; die Burg denkt er sich natürlich nach Art derer, die er kennt: sie hat eine Pfalz, einen sal (99), die Türme sind mit Zinnen versehen. Wie alle Burgen hat sie den Zweck, den Feind abzuwehren, hier den Teufel, dessen Angriff von den treuen Hütern der Burg sicherlich zurückgeschlagen werden wird; wie gewaltig er auch heranstürmt, seine Macht wird jäh verschwinden wie das Leuchten des Blitzes, das nur einen Augenblick anhält.

96—122. Die Nacht dieser Welt wirft ihre Schatten nicht in die Burg; Gott selbst erleuchtet sie, und sie bedarf keines andern Lichtes; ihre Straßen sind Gold, die Mauern sind geschmückt mit eingelegter Arbeit aus Gold und Edelsteinen, Glas und Saphire sind überall im Ueberfluß. Um den Hochstuhl sieht man rings in weitem Umkreise die schöne Iris, zur Sicherheit vor einer zweiten Verführung durch den Erbfeind, der damals die Engel zur Widerschlichkeit gegen Gott verleitete, denn der Regenbogen bedeutet den Frieden, die Ruhe: vor diesem Zeichen zittert der Teufel und wagt nicht Unfrieden zu erregen; aber auch die, welche auf Erden ‚den unfride machent‘ müssen sich fürchten, denn Gott richtet gerecht mit eiserner Rute und bricht die Schuldigen zusammen wie eines Töpfers Gefäß. Darum ist auch Iris oft in griechischer Sprache besungen: es bedeutet den Regenbogen, der oft am bewölkten Himmel erscheint; ob aber diese Deutung richtig ist — im griechischen Texte steht (Ap. 4, 3 f.) ἶρις (ἦν) κυκλόθεν τοῦ θρόνου ὁμοία ὁράσει σμαραγδίνῳ — das will der Dichter nicht entscheiden. Die buohmeister müssen wohl nach dem Zusammenhange dieselben sein, von denen 128 gesagt wird, die wären am besten in den Gesetzen Gottes bewandert, also alte Kirchenväter, die griechisch schrieben. Auffallend ist das Verbum ‚singen‘.

123—192. Ueber die jetzt folgende Stelle habe ich schon oben einiges gesagt; es ist interessant zu sehen, wie der Dichter vor Beginn dieses, wie es scheint, selbständigen Abschnittes über den Regenbogen seine Prämissen sichert. Seine eigene Gelehrsamkeit ist nicht tief genug, um ein selbständiges Urteil zu erlauben; er muß sich also auf Gewährsmänner berufen. Die erste Behauptung, daß die in der Apokalypse genannte Iris ein gewöhnlicher

— 21 —

(den me ofte sihit) Regenbogen sei, stützt die Autorität alter Schriftgelehrter; für die zweite, daß der Regenbogen durch Gewölk und Sonnenstrahl entstehe, beruft er sich auf seinen Lehrer oder, wie ich die Worte auffasse, auf einen allgemein anerkannten Satz, den man die Knaben lehrt. Dann aber fährt er selbständig fort, entweder in der ersten Pers. Sing. redend ih wœne 144, dei ih in die rede hûn gezogen 162, oder noch öfter in der ersten Pers. Plur. Zu Wolke und Sonnenstrahl als Wasser und Feuer fügt nun der Dichter die glänzende Färbung des Himmels im Hintergrunde des Regenbogens als Luft (143) und die Erde, welche ihn an beiden Enden anzuziehen scheint (144). Auf diese Weise erhält er als Bestandteile des Regenbogens die vier Elemente, dieselben, welche bis in die tiefsten Grund der Dinge gesundes Leben bewahren — diu naturent alle geschaft in der geschefde als ir leben in ir forme ir ist gegeben sagt Rudolf von Ems von den Elementen (Weltchron. 61,86). Wir können nicht bis in diesen Grund bringen weder mit den leiblichen Sinnen noch mit den geistigen, unserm Verstande; nur daß Gott ein herrliches Wunder ist, können wir erkennen: dazu gab uns Gott ‚sin unde rede'. So hat Gott für unsern Geist gesorgt, möge er nun auch geben, was' unserm Körper Not thut, uns nach unsern Bedürfnissen mit irdischen Gütern segnen, damit wir, von drückenden Sorgen frei (sô wirt uns geringet unde geliutert daz gemuote 158), die Mahnung beherzigen können, die uns der Regenbogen giebt: Wasser und Feuer erscheinen an dem Regenbogen; sie beide erinnern an das Gericht, denn das Wasser reinigte vor Zeiten die Welt von dem sündigen Menschengeschlechte, das Feuer wird es später thun. Beachtenswert ist in diesem Abschnitte die augenscheinlich beabsichtigte Responsion der Satzglieder. In vier Doppelversen (169—177) wird das frühere Gericht mit dem kommenden in genaue Beziehung gesetzt, so, daß der erste Vers jedesmal von der Sintflut, der zweite von dem jüngsten Gerichte handelt; Vers 177 setzt diese Gegenüberstellung in seinen beiden Vershälften fort, indem er zusammenfaßt: daz ergangene wize wir, des chumftigen gewarte wir. Uns mahnt die Glutfarbe an dem Bogen, unsern Glauben festzuhalten und uns nicht in ungewisse Sicherheit einzuwiegen; doch andererseits sagt uns der Name Iris, daß der Regenbogen ein Zeichen des Friedens ist: er umgiebt Gottes Stuhl auch als ein Sinnbild seiner Barmherzigkeit, von deren Größe wir freilich keine rechte Vorstellung haben können, da wir uns nicht mit der nötigen Sorgfalt in Gottes Wunder versenkt haben wie die Lehrer der heiligen Schrift.

193—245. Aber auch diese können nicht eher alles wissen, als das Licht des jüngsten Tages erscheint und die Posaune des siebenten Erzengels erschallt; dann erst wird Gottes Mysterium vollendet, dann erst sehen alle Auserwählten die Herrlichkeit der Burg Gottes; die Versucher, die bösen Weltkinder, können sie da nicht mehr beleidigen und keine Not zieht sie ab von dem ernsten Streben nach guten Werken. Hier empfängt sie der Schoß der seligen Heimat, Gott naht sich ihnen in Liebe und zieht sie zu sich; besonders aber werden die Märtyrer geehrt. Obwohl die letzten Verse (193—224), die keine für die Schilderung des Himmelreiches wesentlichen neuen Gedanken enthalten, sondern nur die Freude der Seligen über die Herrlichkeit des Paradieses nach den Leiden der Erde darstellen, leitet der Dichter sehr geschickt wieder zu seinem Thema über: An der Mauer der Burg ist alles in der Form der Engel, die Gott zu allen Stunden preisen (vgl. 74. 75). Die Burg ist aus lebendigen Steinen gebaut; hier können sich die Müden ausruhen*), die Reumütigen neu geboren werden in Sicherheit vor den gehörnten Höllenochsen. Dort labt Gott die Hungrigen und Durstigen; er verschmäht niemandes Lob, niemand denkt von dem andern geringschätzig alle sind gleich, und nur unsere Thaten geben den Maßstab für unsere Belohnung dort.

246—320. Es folgt jetzt die „Schilderung durch Negation" veranlaßt ist sie jedenfalls durch die Apokalypse, vgl. Kap. 21, 22—27 (im Auszuge): Et templum non vidi in ea, dominus enim Deus templum illius est et Agnus. Et civitas non eget sole neque luna, nam claritas Dei illuminavit eam et lucerna eius Agnus. Et portae eius non claudentur per diem; nox enim non erit illic. Non intrabit in eam aliquot conquiatum aut abominationem faciens et mendacium. Dazu 7, 16 non esurient neque sitient amplius, nec cadet super illos sol neque ullus aestus. Diese Stellen werden in unserm Dichter den Gedanken erweckt haben, die völlige Bedürfnislosigkeit im Himmelreiche durch die Aufzählung der vielen irdischen Bedürfnisse anschaulich zu machen; er betont besonders: wir verjehen herro, dâ si sældlich leben (255), also ein Leben, das mit dem auf Erden nichts zu thun hat. In der Burg ist kein Tempel, also werden auch keine Opfertiere geschlachtet, kein Opferfeuer brennt; überhaupt bedarf es keines Feuers, denn weder Frost noch Hitze belästigt die Auserwählten. Ihre Kleidung ist das ewige Licht: deshalb bedürfen sie nicht aller der vielen Kleidungsstücke, welche man auf Erden ge-

*) lineberge (dâ sih die muoden an die l. suln leinen 292) übersetzt Lexer durch Zinne; glossiert wird es durch fulcrum, pinnaculum, reclinatorium, cancelli (Graff IV, 1096). Danach läge die Bedeutung „Ruhestätte" näher; doch vgl. 279.

braucht (258—267); auch haben sie nicht nötig, allerlei Speise und Trank zu bereiten (268—276), noch für das, was zur äußern Pflege des Körpers dient (278—285) zu sorgen: dazu gehört auch das Lager zum Ausruhen (279—281) und der Schmuck (286—289). Dort im Himmel beläftigt weder die Hitze der Sonne am Tage noch die Feuchtigkeit der Luft in der Nacht; kein Zwist erregt Feindschaft, es bedarf deshalb auch weder eines Schiedsrichters noch eines Anwaltes. Die Seligen brauchen nicht zu arbeiten, nicht umzukehren an den Grenzen; alles Ungemach ist ihnen fern. Deshalb, betet der Dichter, (304 f.) laß mich dorthin kommen und der Ehre deiner Gnade teilhaftig werden, die wir hier vor dem Getöse des Erdenlebens nicht erkennen, die auch nicht von unten in das Herz des Menschen steigt, sondern von oben herabströmt und des Menschen schwachen Willen stärkt, so daß er fleischliche Lust meidet, wenn du, Gott, ihn mit des Geistes Salbung rüstest und ihn mit Reue erfüllst, daß er liebt, was der Seele nützlich ist.

321—378. Das Gedicht kehrt zur Apokalypse zurück. Den Stuhl umgeben die vier Tiere, die beständig Gottes Lob verkündigen; sie sind abgewendet von aller Fleischeslust, nur in die Höhe blicken sie, von wo der Menschen Blick immer wieder zum Schaden für ihre Seele herabsinkt, da ihnen doch nur Hilfe vom Himmel frommen kann. Dort sitzen auch die 24 Aeltesten, deren Bitten für uns du erhörst: daß uns der böse Feind nicht gleich töte, wenn wir unsere Schuldigkeit nicht ganz thun, sondern daß wir Zeit und Willen zur Buße bekommen möchten; daß uns des Teufels Nachstellung nicht schade, und nicht von ihm verführt werden die sie gern später zu Genossen haben wollen. Für unserer Seelen Heil werfen sie Gott ihre Kronen zu Füßen und preisen seine Macht, beständig im Gehorsam gegen ihn, dessen heiliger Name so oft durch ihre Vermittlung angerufen ist, daß er uns nicht verlasse im Zweifel sondern die Versuchung mäßige und den bösen Satanas mit seinen Dienern unterdrücke, damit (369) wir beim Beginne des Gerichtes aus den Wundern Gottes erkennen können, wie unsere Seele errettet werden soll, und uns vor Gottes Macht, der solche Wunder thut, in Demut neigen, und damit jeder von uns seine Wunder verstehen lerne, hier und dort im himmlischen Chore, wo wir ja alle Geheimnisse erfahren werden.

Zum Schluß noch eine halb nachträgliche Bemerkung: Jedesmal der 33. Vers fängt mit einem großen Buchstaben an. Das Gedicht hat also auch in einer würdigeren äußeren Form existiert, als sie unsere Handschrift zeigt, es war in Versen unter einander geschrieben, 32 auf der Seite, und jede Seite war oben mit einer Initiale oder wenigstens mit einem großen Buchstaben geziert. Nun versuchte der Dichter aus naheliegenden Gründen dem äußerlich abgeschlossenen Bilde einer vollgeschriebenen Seite auch innerlich einen gewissen Abschluß zu geben; das gelang ihm auch meistens, mit Hülfe von angeknüpften Betrachtungen, Gebeten und sonstigen Ausführungen, denen ihrer Natur nach kein festes Ziel gesetzt war. Nur 129 ist kein Gedankenabschluß, vielmehr schon 121; auch sonst sind die Abschnitte mehrfach sehr schwach geschieden, sodaß man ohne die großen Buchstaben kaum aufmerksam auf sie werden würde. Nach 321 steht kein großer Buchstabe mehr, es folgen aber noch 54 Verse. Nun macht schon in der Handschrift das Ganze mit den sonderbar verstellten (325—334) und öfter übergeschriebenen (341—346) Versen einen eigentümlichen Eindruck, und verstärkt wird durch das unangenehme Aufeinanderfolgen der auffälligen Reime animalia : inter alia; universalia : inter alia 321, 325. Ich glaube, daß im Originale hinter 321 nicht mehr als 32 Verse standen und daß der Dichter, wenn er auch unsere Handschrift geschrieben hat, um die 4 Tiere nicht vor den Ältesten zurückzusetzen (vgl. bes. 326) hinter 325 noch 10 Verse zu ihrem Lobe einfügte, dann zu den Versen von den Ältesten noch 6 (339. 340, 347—350) und schließlich die am Rande stehenden 6 (341—346) — es bleiben dann 32 Verse übrig. Jene 22 Verse können übrigens auch im Originale nachträglich beigeschrieben gewesen und von da abgeschrieben sein.

Es folgt noch eine kurze Inhaltsangabe der erwähnten Abschnitte: 1 ff. Gottes Macht ist gewaltig, 33 ff. sie regiert 3 Reiche, die terra morientium, viventium und 65 ff. das Himmelreich; hier ist Sicherheit vor dem Teufel, 97 ff. übergroße Herrlichkeit, Iris, Ruhe und Frieden. 129 ff. (vielmehr 121) Iris ist der Regenbogen; dieser besteht aus 4 Elementen und zeigt uns Gottes Herrlichkeit; Gebet. 161 ff. Allegorische Auslegung der 4 Elemente. 193 ff. Ob die Auslegung richtig, erweist erst der jüngste Tag; er enthüllt die Herrlichkeit des Himmels. 225 ff. Diese wird weiter ausgemalt; alle irdischen Bedürfnisse fehlen, insbesondere 257 ff. die Sorge für den Körper, 289 ff. oder was sonst lästig ist; Gebet. 321 ff. die 4 Tiere und die 24 Ältesten; Gebet.

C. Der Text.

Nach den oben stehenden Bemerkungen über den Oberaltacher Dialekt, konnte ich natürlich keine wesentliche Änderung des überlieferten Textes vornehmen. Es sind also nur offenbare Schreibfehler verbessert, Längezeichen gesetzt, i und j; v, w, u; z und ʒ unterschieden und Inklination des Artikels in der Schrift ausgedrückt; im Anlaut habe ich sodann sch statt sc und sč vor Vokal, und v vor a und i durchgeführt. Übrigens gebe ich unter dem Texte bei jeder Abweichung die handschriftliche Schreibung. — Accente habe ich hin und wieder gesetzt, wo der Vers Schwierigkeiten bot, oder es mir sonst wünschenswert schien, meine Lesung anzudeuten.

  1. Michil bis du herro got   unde lobelih harte,
     michil ist din chraft ûf dere himilisken warte,
     dîn rîche ist gelegen   hôhe obę allen rîchen,
     dînem gwalte mach niemèn enphliehen noh entwîchen,
  5. des ne darf halt niémèn wænen noh sinnen,
     daʒ dir iemen fennèr hine mege entrinnen.
     dînere êren dînes w i h s t ú o m e s ist niht zale
     von oberist des himils in daʒ abgrunte ze tale,
     von ôsteret in westeret vone mere ze mere
10. lobent dih der engile jouh dere mennisken here.
     allenthalben sumberinges sint die dîh érent
     sint dieʒ ire chint ouh gerne guotlîche lèrent.
     alle dîne hantgetæte alle dîne geschefte
     sint umbevángèn mit dînere magenchrefte,
15. mit dînere zéswèn ellenthaften tugende
     sint beschirmit, sint gefirmit alter unde jugende,
     sint elliu dinch bewaret, sint glîchè gescharet,
     daʒ ire neheiniʒ dáʒ andere vone geschihte ne daret,
     nihwan alsô du uber ieglichiʒ verhenges.
20. du daʒ cît also du wil churces unde lenges,
     du bást in gebrûche dînere gwaltigen hente
     allere dinge anegenge iouh den ente;
     ouh sint zewâre unverholen in dînere gesihte
     allere brusten gluste, allere hercen urgihte:
25. vone diu heiʒʒis du in chriechisken alfa et ω,
     sô iʒ uns hat chunt getân Johannis revelatio,
     des heiligen, des tiurlîchen évangeliste
     dînes sunterlîchen trûtes domine Jesu Christe.
     wellent iʒ ouh Walche unde Chrieche gnôte suochen;
30. sî vindent iʒ gescriben in hebréisken buochen,
     daʒ du unzwîvellîche alles werches dînis
     eine bis initium undę ervollenter finis.
     Selbe ne hast du anegenge noh verwesenten ente,
     dannen ne magen dih die stete noh die wente
35. deheine halben umbegeben noh umbescrîben,
     verrer noh nâher, ûʒ oder in getrîben.
     dih minnent unde êrent, furhtent unde flêgent driu rîche,
     dere du wáltes únde gehâltes, rîhtes jouh phlihtes unglîche,
     dei du céchest únde antréites, énges unde breites alsô du wil,
40. hôhest unde nideres, gebíutes ire sîn luzcel oder vil,

---

2. das n von dîn ist nicht mehr zu erkennen. 11. des umberinges. 12. die iʒ. 16. besčirmit. 17. gesčaret. 28. dne ihu xpe. 37. und flêgent.

mêres oder minneres sî nah dînem willen;
âne dih mach sî niemén geswîften noh gestillen,
niemen anderre chan sî grihten noh gechéren,
gezuhtigen des lîbes, oder dere sêle reht geléren.
45. daʒ êriste, daʒ hêriste ist daʒ firmamentum,
daʒ hat iemmerane ze huote milia centum
dar ubere vile manich tûsent dere engile,
wider denʒ ervehten ne magen die ubervengile.
daʒ hat din wihstuom sô gevestenet von deme anegenge,
50. deiʒ stæte hat dere êwicheite, in dere tage lenge
geslifen noh gewîchen noh gevallen ne mach,
sît diu érde vone dîme gebote dar unter glach,
dâ wir ûffe in ungwis tòtlîche leben,
unce wir den geist an dere hineverte widere geben.
55. sô verente wir dizce leben untòtlîchen,
obʒ dir allerêrist hie beginnit wole lichen;
vone dîu heiʒʒet dáʒ niderre terra morientium,
daʒ oberere dar ingegen terra viventium.
dâ hat der herro David, daʒ sîn teil muose sîn,
60. dare scháffe ih bî dînen gnâdun ouh gerne daʒ mîn,
wandę dâ niemen erwirdit zegêt noh erstirbit,
hie verbiderbet sih der lîb unce er gare verdirbit.
des geschihit, weiʒ ih wole, alanch dâ niht,
dâ êwiclîche schînit daʒ unceganclîche lieht.
65. Dâ ûffe ist òwî daʒ wunnesame himilrîche,
deme sint dei anderen zwei dere éren vile unglîche,
dei ih dâ vore mit dere rede geruoret hân,
daʒ sî ouh dir mit rehte sîn untertân;
dannen ih noh gnuoch sageu sol obe got wil,
70. wândę diu sêle vórdèret sô getân spil,
unde ire daʒ vor allen dingen ist suoʒʒe,
daʒ sî mit ire gote sô undę sus lantrehten muoʒʒe.
dere êren ist iʒ uns jouh des wesennes verre obe,
dâ dih gedîhte erhevent mit sange jouh mit lobe
75. dine engile hêrè canoro iúbilò âne unterlâʒ,
dâ ist der béʒʒistè dér súoʒʒlate wâʒ,
dâ diu sâlige burch tagelîchęs gecimberet wirt,
dâ du selbe inne bist chunich unde wirt.
dár îne gênt von vier halben zwelf burgetor,
80. dâ stêt inne diu schône phalence hôhe inbor;
dâ úmbe in glîchère antreite zwelf turne,
die sint erfullęt mit lobesanges schalle diurno,
mit den edelen stéinèn sint sî wole gecinnit
in ebener mâʒʒe, du hast gróʒʒè geminnit,
85. den du zen êwen dar ûf hast wesen geschaffet,
sî ne ruochent, waʒ der vîant uʒʒerhalbe gechlaffet:
innerhalbe habent sî sicherheite gróʒʒe,

---

43. gerihten. 46. ce unb [o immer außer an ben 7 angeführten Stellen. 48. den iʒ. 52. dînem — gelach. 56. ob
iʒ. 60. scaffe. 61. ceget. 62. verderbit. 75. canore. 82. sčalle.

si ne erchoment vone sînem itelen dôʒʒe;
ob er ouh dare getorste oder mohte genœhen,
90. ih gloube wole, daʒ si in ave vallen sœhen,
die in ê wîleu sâhen unsamfte benîchen,
alsô die donerstrâle, die me sihit gâhes verblîchen;
waude die selben habent die burch noh in ire huote,
alsô si sie dô behabeten mit stâtigem muote,
95. den si bêten unde habent zuo ire herren liebe;
si ne lâʒʒent dár nâher gluogen die nahtdiebe.
Diu naht dirre werlte schetewit dar ín alanch niht,
iht mêre ne schînet dâ des werltlîchen tages lieht,
got selbe erliuhtet die burch jouh den sal dar inne;
100. sîn bedúrf liehtes, des sunnen noh dere mâninne,
dere sternen hat si rât joub ándèrre liehtvaʒʒe;
von reinem golde glenstet ein ieglih ire gaʒʒe,
die mûre sint al úmbè mit golde gewieret,
sint mit allerslaht vare gimmen wole gecieret,
105. des sales estrih ist mit vêhen steinen gestrowet,
dâ has dú herró die burgâre wole mit gefrowet;
dâ zuo ne gebristet glases noh saphíris;
von den sâligen wirt dâ gesehen diu schône íris,
in dere wîten umbeverte des hôhstuoles,
110. ze sicherheite hinnen mére sviántlîchen wuoles,
den der tiuvel untern engilen wílen begie,
do er bîe bevore ingegin dir ze widerbruhte gevie;
dáʒ wír únter déme, der ûf deme stuole sizcet,
vone dés vorhtén der wuotrîh angistlîche swizcet,
115. alles unfrides mêre súln gwislîche sicher sîn;
daʒ dar ane ist gottes gnâden ouh worden schîn,
daʒ ér an sínème gerîhte phleget neheinere miete,
der in isenînere gerte rihtet liute unde diete
undo brichet si zesamene daʒ ire got ergaʒ,
120. die den unfride machent alsô eins havenæres vaʒ.
dannen ist uns ouh Iris in chriechisker zungen
diche von den alten búohméistern vore gesungen,
deiʒ si gehéfʒʒèn name des regenbogen,
den me ofte sihit, sô den himil habent bezogen
125. déi túnchèlen jóuh dei dichen regenwolcheu;
daʒ allîche niht gewiʒʒenlih ist den smâhvolchen.
die chunst lâʒʒe wir besunter dén dînen wole geêrten,
in dînere ê vernunstlîche dén állere beste glêrten,
Ihn getar nâh deme geiste érbálden mê baʒ,
130. zerlúogenne sîne suntergenge bin ih leider vile laʒ,
sûmich unde seine géistlíchiu dinch ersuochen,
jouh dere ih gwissiʒ urchunde vinde an den buochen,
sô ih furhte daʒ mih gâhes zere unwârheite

---

96. geluogen, 97. scætewit, 100. si ne, 110. des viantlichen, 111. unter den, 113. sizcit, 118. iseninere — freilich ist das e nach dem s nicht ganz deutlich und überhaupt dem r ähnlich, doch vgl. W. Ps. 2,9 isininen; 106,16 isenine (149,8 iserin); 120. eines, 128. gelerten, 129. Ih ne, 130. steht vielleicht sinr, 133. ce dere.

mîn unvorbesehener sin ungwérlîche verléite;
135. unde sô ih wæne daʒ ih zuo dere wârheite done,
dîn getougencʒ urteile getrîbet mih der vone,
deih verliese die arbeite mînere anedæhte,
da ih gerne mîoen antheiʒ fure dih brælite.
doh sage ih, daʒ mih gelêret hat mîn magezoge,
140. von gehilwe unde heitere wirt der regenboge,
vone des sunnen wirmen jouh dere wolchene fiuhte,
alsô des fiures glanst durh daʒ waʒʒer liuhte;
daʒ dritte dâr unter ist des himiles varwe glûche,
ih wæne in diu érde an iétwéderem orte zuo sih lûche:
145. dâ gestêt der boge von vier furstlichen elementis,
dei uns témperent die âtemzuht animae calentis
jouh in alle wis die stæcte behabent des gesuntes
nâh dîner gesezcede in die tieffe allere dinge gruntes,
dar wir glangen mit fiumf sinnen slibes ne magen;
150. mit fiumven dere sêle, waʒ mage wir dannen sagen,
nihwan daʒ du herro got antréitære der dinge
ein hêrlih wunter bist, swie halt uns dar ane gelinge,
dû mâches uns daʒ dinch ze wuntere unde ze wunnen;
ob wir sîn únde réde ne hieten die wir niemmer gwunnen,
155. nu has du uns hôhe unde tieffe dés sinnès gegeben,
tuo dar zuo, daʒ wir in lenge unde in breite zierenʒ leben,
nâh dînen hulden, nâh unseren nôtdurften, mit guote,
sô wirt úns gerînget unde gliuteret daʒ gemuote,
daʒ wir gedenchen wes unsîh der regenboge manet,
160. sô sîn diu gehuct von anderen sachen erwanet.
Waʒʒer unde fiur sint schinich an dem regenbogen,
des ih bîldiclîche în die rede hân gezogen,
durch daʒ sî bêdiu sint helflih unde heilsame,
ire ietwedereʒ ist ouh egeslih unde freissame,
165. sô sî vón dere lîute sunten ubermuʒʒich sint
unde sî dâr zúo tríbènt daʒ weter undę der heifter wint.
waʒʒer unde fiur sint zwei starchiu gotes gerihte,
dei dere werlte allere sint offen zuo gesihte;
mit deme waʒʒere ward diu werlt hie bevore gereinet,
170. mit deme fiurę her nâh an den die sih habent vermeinet;
die dô gotes hulde hêten gnâsen in dere archa,
die dénne in sinen gnâden sint gesigent starche;
dô bestûonten nîhwan âht mennîscken in dere sintfluote,
die reht in aht sælden glebent gnesent iu dere gluote;
175. dô ward diu erde von dere liute unrehte gewasken.
donne wirdit si uberal mit rehte bechêret in asken;
daʒ ergangene wiʒʒe wir des chumftigen gewarte wir,
doiʒ gnædiclih uber unsih werde dés dîge wir ze dir.
des louges varwe, die wir an dem bogen sehen,

---

134. unguærliche, 137. daʒ ih, 138. hinter antheiʒ Spuren von 2 Buchstaben, 145. dere, 146. anima, 148. dinere.
149. gelangen...des libes, 151. dere, 156, zieren daʒ, 157. nôtdurten, 158. geliuteret, 163. sie, 168. ce gesihte, 170. here,
174. gelebent.

180. warnet unsih christene, wir dere glouben verjehen,
daʒ wir zem júngistèn úrteile haben sorgen,
deiʒ uns von ungwissere sicherheite iht si verborgen;
daʒ wir ieneʒ mère ne furhten tuot er uns ouh chunt,
dannen heiʒʒet irin ouh fride der chriechiske munt,
185. wande er dinen fride vore zeichinit den liuten,
daʒ wir chúnnèn gedenchen, weiʒ sule bediuten,
dáʒ ín dine hólden umbe dinen stuol sehent,
dâ dir eineme got dine bármhèrce vérjehent,
des wir sumeliche noh nih ne magen wiʒʒen:
190. wír úusib minner deme rehten haben gefliʒʒen
in dinen wunteren herro mit geistlichere trifte,
só iʒ die lêrære habent in dere heiligen schrifte.
Noh sâ die wiʒʒen iʒ ze durhslahte alanch niht,
unce úns ze jungiste erschinet daʒ êwige lieht,
195. daʒ den schate verwlsit dere nebelvinsteren naht,
dâ unsih inne dọr alte viant ie aneváht,
undę die tunchelèn blintheit dirre wérltè zestôret;
só diu jungiste trumbe schelle wirdit gehòret
des sibenten erzengiles mit dere maginchrefte,
200. dáʒ sí erwéchet álle rédelìche geschéfte,
die des lîblichen tódes unce dare entsláſſen sint,
unde erofſenet besuntere ieglìchiu gotes chint.
dâ beginnet me allerérist sehen ûʒʒen unde innen,
wie zierliche dei gadem elliu den ze minnen
205. mit deme reinen golde sint gemûset unde gesmelcet,
die hie kein nôt swæriu noh gœhiu verhelcet
vone guotes willen, rehtere werche vestere anedœhten,
swie gnôte, swie harte sie die æhtære anevæhten,
swie sère si ie mère gemuot diche wæren
210. vúne dén verlógenèn den ungezogenen werltminnæren,
die sih selben gote, ire schephære, freidigten
únde sìe mit wórtèn unde werchen leidigten,
die den widermuoten allen mánliche gestênt,
die der nôtdurſticlìchen gedulte niht abentgênt,
215. noh weiche entwìchent dere werltichen leidwente,
òwí wie schône die innerhalbe der mûrwente
dere sâligen heimôte barm in sih enpháhet,
wie liebliche sih got in undę sìe ime náhet;
welhe semſte mit der meisten zumſte dâ gwinnent,
220. die hie durh got die víante tragent unde minnent;
die in íme lìebènt die friunte âne lasteres meile,
die bechoment ime selben dâ besuntere in erbes teile;
wande du herró die hèren martiráro vor allen minnis,
só dú noh gót in állen offene richesen beginnis.
225. Uf dere búrch mûren ist nlleʒ ane der engile huote,
die uns bi dinen gnáden sint greht ze alleme guote,

---
181. ce dem, 192. scrifte, 194. unze, 196. anefaht, 197. cestoret, 206. nehein, 214. dere, 216. dere, 218. nœhet.

dâ du mit besezcet has alle umbę der zinnen zile,
dien geswîgent ouh dines lohes neheine wile,
dîne ôre, dîn lób singent si ze allen stunden,
230. vone grôȝȝem wihstuome hûs dû iȝ alleȝ erfunden,
daȝ diu burch gworht ist von lebentigen steinen,
dâ síh die muoden an die linebergen suln leinen,
die gâhes ie mitent von deme ellente entrinnent:
ih weiȝ, si gotes gnâden dâ semfte unde ruowe gwinnent,
235. dâ die vernoȝȝenen suln in dere êwicheite widerwohsen,
dân stóȝȝent sie die egesliche gehurnte helleohsen.
die bechlîbent werdent dâ milticlîche glabet,
die hungerigen die durstigen werdent dâ gehabet
in dînem hûs stæticlîche ze vollere wirtschefte,
240. herro Christ chunich, mit dîn selbes wertschefte;
wánde dú in dâ gúotlîche selbe wil dienen,
dân versmâhet herro dir lob, den anderen niemen,
dâ sint die hérrèn jouh die armen alle gliche,
dâ teilit unsere ieglichem sîne gebe got der rîche,
245. alsô er die mâȝȝe an unseren gwirhten weiȝ,
dân wirdit verbiderbet daȝ schâf noh diu geiȝ,
zeme dienstè ne wírdit erslagen stier noh boch,
an daȝ fiur ne léget mé neweder bloh noh stoh,
erwirmen ne bedarf me ire dare gezogen oder gefuoret,
250. hizce nóh frôst noh kéin úngemàch sie ne rúoret,
die mit guoten werchen unde willen dare gelentent,
vone diu ist iȝ in héillih, die iht fure gesentent,
si vindent iȝ an den seleden álleȝ gwis unde gréht,
dâ ist miete unde lôn, gnâde unde reht;
255. wir verjehen, hérrò, dâ si geistlih leben,
man ne bedarf dâ wevel noh warf spinnen noh weben.
Ire gewæte die dâ sint ist daȝ êwige lieht,
vone diu ne bedurfen si dere badegwante alanch niht,
si ne vorderent ouh vælen niht unde mantele,
260. sumeres noh winteres, ze weterlichem wantele.
si ne legent ze nâhistè dere lîh hemide noh bruoche,
umbe chursennę unde bellice habent si neheine ruohe,
ze nihte wellent si sô óder sús varwe roche,
dei bein ne bedechent in hosen noh die linsoche,
265. wiȝ- noh swarzmâle schuoh bedwingent in die fuoȝȝe,
ih wæne ie dere dúrftèn deheiniu geruoȝȝe;
vone diú ne spulgent si dâ neweder schephen noh nâen,
durch eȝȝen ne bedarf mé daȝ brôt bachen noh bâen,
durch zuomuose fleisc undę viske sieden noh sulcen,
270. durch trinchen habereu noh gersten zuo biere mulcen
si ne gerent durh den durst iemmer metes noh wînes
oder ze wóllîbe mórâtes noh trinchenes deheines;
eiere unde chæse ne tuont si dâ gesoten noh gebrâten;

237. dere, 298. die ne, 237. gelabet, 239. wirtscefte, 242. da ne, 246. scaf, 247. ce deme, 250. dehein, 265. scnohe, 270. ce biere.

got du maht in âne dei elliu sus wole geràten.
275. si ne túont einij noh daj andere ûf deme barste gröstet,
allere ire nôtdúrfte werdent si mit deme heile getröstet,
daj mit in mêre niemen ringit noh ne vihtit;
âne strælœre unde bursten wirdit in daj hâr geslihtit.
si ruowent da âne vederbete bolstwre unde chusse,
280. nehein wert hat der chozce dâ also vile sô diu zusse,
uudurft ist in lihlachen jouh dere badelachen.
si siut is alles vervángèn mit geistlichen sachen,
mit geistlichen dingen ist ij in alloj verwandelet;
swer der ándères iht áne wǽnet der hat verhandelet,
285. die sélè ne phlegent ze bade seiffen noh louge,
sie ne zierent ouh vingerlin ringe noh bouge,
nuskelin vone goldes gesmelce noh die halsenuore
ne biderbent si dâ deweder ze liebe oder ce gefuore.
Nihne brennet der sunne die dâ sint uber tach,
290. wande er mit glanstes hizce dar gelangen ne mach,
noh diu mâne fiuhtet dâr ingegen uber naht;
dâ ne ist von luftos gedwere neheiner slaht unmaht,
dâ ne ist vone missehelle kein vlantlih zwiwurft,
dannen ist der ouh neheines suonæres durft;
295. niemen wil noh ne mach den fride dâ gebrechen,
waj bedorften si denne vogetes oder vorsprechen?
ire wesen ist gezechet in michelere gliherte,
in semfte unde in swifte ist allej ire geverte;
si ne arbeitent mit fuojjen noh mit hanten,
300. si ne erlenchent sih nienner an den anewanten;
wege undǫ brucke sint alle sleht undǫ sichèr gemachet,
alles ungemaches habent sih vercigen undǫ versachet
alle die mit dir dâ zen êwen stœticliche suln sin,
durh die got herro gnædich érbarme dih mîn
305. unde gib mir, daj ih ane dem jungisten merde
dîner gotelichen gnâden iht verteilet werde
noh sô getânere êren, diu den dînen dâ geschihit,
die daj oúge vór wérltlîchen molten nihne sihit,
dié daj ôre stôtlichen lîbes nihne hôret,
310. die wîle ij des werltlîchen gludemes dôj betôret,
diu in des mennisken hercǫ ab infimis nihne stiget,
halt enne obene von gnâden here nider siget
unde smennisken brôden sin ûf ze sih ziuhet
unde machet, dâj ér schiuhente intfliuhet
315. elliu dei schedelichen oblectaménta carnis,
al dâ nâh sô du herró in wercliche warnis
mit des heiligen geistes tröstlichere unctione
unde in inwertes gestunges sálùbri cómpunctione,
daj er liebon beginnit élliu, dei dere séle sint profutura,
320. alsô er si zèriste hête in dere unverwerten nátùra.

---
275. geröstet, 277. fihtit, 298. nehein, 309. des tötlichen, 310. geludemes, 313. des mennisken, 819. pfutura, 320. ce èriste.

Umben stuol sint dei hêren quatuor animalia,
dei dîne êre bridigeut din lob singent inter alia,
unde vore sô vile si nâher schowent dîne getougene,
wande si vorne unde hinten volliu sint dere ougene;
325. (357.) dei in dînem lóbe dâ undę hie sint universalia,
dere wir vergeʒʒen noh geswigen suln inter alia,
unde vor anderen, dei dâ ze hímilè gesehen sint
vón den sâligen ougen, dei gare erwenet sint,
in die hôhe schowente, von des fleiskes gluston,
330. (362.) dannen die irdisken alleʒ ane sigent ze flusten
niht ze gwinnè deheines frumen dere sêle,
den diu hilfe chomen solte celestis medele,
dér hélflîche trôst des geistes vone deme stuole,
der uns bringǫt der sunten jouh des wices urchuole.
335. (325.) dâ sizcent vore dir in ire êrhaften seʒʒelen,
die gedíhte wégent únde helfent uns âgeʒʒelen,
die geêrten viginti quatuor seniores,
die du alleʒ ane, sô wir glouben, erhôres,
gnædicliche umbe unsere ellenten nôte,
340. (330.) daʒ unsih der alte widerwarte iht ertôte,
sô wir iht getuon wider dînen hulden
oder iht versûmen von únseren schulden,
des wir von christenlîchem rehte tuon solten,
deiʒ uns nâh unseren gwirhten nihne wérde vérgólten,
345. (335.) ê wir iʒ vertielgen mit riuwe unde buoʒʒe,
daʒ wir is vone dir gwinnen willen unde muoʒʒe,
sô dih dînere guâden bîtent die zwîr zwelf herren,
daʒ uns gewerren ne mege nâhen noh verren
des vîantes lâge in disem wadligen ellente,
350. (340.) daʒ er uns mit unchusten die heimvart iht erwente;
daʒ wir beschirmet sîn unter dînere hérschefte
noh von ime abegeleitet werden ire guóʒschefte
die sî gerne here nâh ze gebûren haben wellent
unde dir dar úmbe ire coronas zêren versellent
355. (345.) unde bietent sih dir diemúoticlîche ze fuoʒʒen,
dáʒ sî díh mit êren lobelîche gruoʒʒen
umbe únser êwigiʒ heil, daʒ sî der mite wervent,
daʒ wir werden, alsô sî in dîr spiritu fervent,
grehte ze dînem dienstè ze dîner gehôrsame,
360. (350.) uber die sô diche gladet ist diu heiliger name,
dáʒ du únsih in deme zwîvile nihne verlâʒʒest,
unce dú díe bechôrunge swiftente gemâʒʒest,
dâ wir in disem ellente mit birn beswâret,
unde verdruches der unser viantlîche vâret,
365. (355.) den leidigen satanât mit sînen geloufen,
beschirmes ave durh ire gebet unsih dîne getouften;

---

821. umbe den, 929. hinter vile ist Plaʒ für 4 bis 5 Buchstaben, 334. dere sunten, 942. hinter oder ist wir ausradiert, aber noch ʒu erkennen. sculden, 346. es, entstanden aus des; das d wurde nachträglich ausradiert, 254. ce eren, 858. ursprünglich sie; das auslautende e ist ausradiert, 860. geladet, 962. unze.

só dannen erhóret werden stimme jouh donerbliche,
die dér vóne várent mit brinnenten liehten dicbe,
daʒ wir bî den gotes sihtigen wunteren zesamene lesen,
370. in welhc wîs die sêle here náh suln gnesen,
só wir ettewie gedenchen, waʒ die stimme lûten,
waʒ die donerbliche, waʒ dei brinnenten lieht bediuten,
waʒ uns in vier biliden dei vier animalia zeigen,
daʒ wir unsih gotes chreften diemuoticliche neigen,
375. der só getániu wunter tuot in himile unde in erde,
daʒ ire unser ieglih hie undǫ dá vernunstich werde,
ze heile unde ze gnáden in den himilisken chóren,
dá wir die getougene alle gesehen unde gehôren!

D. Quellennachweife.

1. Pf. 47,1 Michil herro unde loblih harte in der burge gotes unseres. vgl. 95,4; 144,3; 146,5.
2. warte als Überfeʒung von Syon Pf. 101,17.
4—6. vgl. Pf. 138, ʒ. B. 6 und 7 Ware gen ih vone geiste dinem unde ware von antluzce dinem fliuhe ih?
Obe ih ufstige in den himil, du da bist, ob ih niderstige ze der helle da zuo bis du.
7. umberinch Ueberfeʒung von orbis 48,1; 88,13 und oft.
14. magenchraft Ueberfeʒung von maiestas 28,3.
24. Pf. 138,2... du verstuonte gedahte mine ennen verre.
25. Apoc. 1,8 Ego sum A et O, principium et finis, dicit Dominus Deus, qui est et qui erat et qui venturus est, omnipotens; vgl. Apoc. 21,6 ego sum A et O initium et finis; 22,13 ego sum A et O, primus et novissimus, principium et finis.
30f. Jef. 41,4 ego dominus, primus et novissimus ego sum; ähnlich 44,6; 48,12.
37. Die brei Reiche verbanken ihre Entstehung wohl Apoc. 20,5f: die Seelen der Märtyrer und die nicht das Malʒeichen des Tieres haben, regieren mit Christo 1000 Jahre; dann kommt Satanas aus seinem Gefängniſſe eine Zeit lang los. Darauf folgt die ʒweite Auferstehung — das Himmelreich (b. neue Jerufalem). vgl. Honorius August. Elucid. I, 3 tres coeli dicuntur: unum corporale, quod a nobis videtur; aliud spirituale, in quo spirituales substantiae, scilicet Angeli inhabitare creduntur; tertium intellectuale, in quo Trinitas sancta a beatis facie ad faciem contemplatur.
39. disposuerunt wird überfeʒt durch zechten, antreitten, schuoffen 82,5; dispositor burch zechare, antreitare 33or.
59. Vielleicht mit Beʒiehung auf Pf. 26,7 Eine (unam) bat ih vone dem herren .. daʒ ih inbuwe in dem hus des herren in allen den tagen libes mines.
76. Ps. August. de gaud. parad. c. 14 flos perpetuus rosarum ver agit perpetuum, candent lilia, rubescit crocus, sudat balsamum. (Erbmann ʒu Otfr. V, 23, 274f.) Honor. Eluc. III, 19 hic est .. thymiamata et alias diversi pigmenti species odorare.
78. Ob an Apoc. 21,6 ego sitienti dabo de fonte aquae vitae gratis erinnernb? vgl. Hartm. v. glouben 3112f. zo der dinen wirtscaft in daʒ ewige gemach, da du selbe wirt bist — unb Hmlr. 239.
79. et habebat murum altum et magnum, habentem portas duodecim Apoc. 21,12.
83. Apoc. 21,18ff. et erat structura muri eius ex lapide iaspide, ipsa vero civitas aurum mundum simile vitro mundo. Et fundamenta muri civitatis omni lapide pretioso ornata, fundamentum primum iaspis, secundum sapphirus u. ſ. w.; über bie 12 Steine hat Diemer b. Geb. b. 11. u. 12. Jh. ʒu 364,7f. gehanbelt. Zu den Befestigungen der Burg vgl. himml. Jeruf. (Diemer pg. 368,9.10), wo von ciner brustwere der himelischen burege bie Rebe ist unb pg. 369,26 der waltunde crist hat sine burch gecinnet.
90f. Apoc. 20,9.10 (bie Rebe ist von Satanas und ben Heiden) et ascenderunt super latitudinem terrae, et circuierunt castra Sanctorum et civitatem dilectam. Et descendit ignis a Deo de coelo, et devoravit eos.
97. Apoc. 21,25 nox enim non erit illic.
99f. Apoc. 21,23 et civitas non eget sole nec luna, ut luceant in ea (Apoc. 22,5).

102f. Apoc. 21,18f. (f. oben ju 83 — Belege zu den Straßen úz durch gesotem golde ober mit golde gemûset Diemer b. Geb. zu 364,7). — Hier mögen ein paar Schilderungen des Himmelreiches erwähnt werden, die auch aus der Apokalypse geflossen sind und deshalb dies und jenes mit unserm Gedichte gemein haben, die Hochzeit (Karajans Sprachdenkmäler pg. 28,23f.) und das himmlische Jerusalem (Diemer b. Geb. pg. 361ff). In dem ersteren wird erzählt, wie ‚der riche' (vgl. Hmlr. 244 got der riche) die Auserwählten an der himmlischen Pforte empfängt; diese ist aus Steinen, deren Glanz Sonne, Mond und Sterne übertrifft; alles ist lebentiz gesteine; da mit zimberot got der riche al sin himilriche. der estrib ist guldin . . . (Johannes wird 32,7 genannt). Das andere Gedicht zeigt schon seine Quelle durch seinen Namen (Apoc. 21,10); vgl. pg. 364,3 dan ist vinster noh diu naht. diu maninue noh der sunne ne scinet dar inne. noh der tage sterne; dâ ist diu lucerne der himel chunic aine; daz edele gesteine luhtet sam iz prinne, di straze dar inne sint durhsoten golt.

108. Apoc. 4, 3 . . . et iris erat in circuitu sedis similis visioni smaragdinae.
117. Pf. 95,10 Ouh zeware hat er gerihtet den umberiuch der niht beweget ne wirdit, er erteilet — rihtit — diu liute in der ebene (glichi ibid. v. 13) und öfter bergleichen (vgl. Hartm. v. glouben 2616, Hochzeit pg. 35, Zeile 15).
118. Apoc. 2, 27 (= 12,5) dabo illi potestatem super gentes, et reget eas in virga ferrea, et tamquam vas figuli confringentur, nach Pf. 2,9 du gerihtes sie in der isiuinen gerte, also daz vaz der dahen (vas figuli — samo so hafenæres faz hat Notker) zebrichest du sie.
174. nach Matth. 3,5f. Otfried handelt im 14. Kap. des 2. Buches de octo beatitudinibus.
181. vgl. Hochzeit pg. 35,15 jeder muß vor dem Gerichte Furcht haben: diu vrouwe ist nie sô hêre, si enfurhte ir da vil sêre, der herre ist nie so riche, erne furhte vraislichen; da stat der ewarte, er furhtet im vil harte u. f. w.
198. Apoc. 10,7 Sed in diebus vocis septimi Angeli, cum coeperit tuba canere, consummabitur mysterium Dei.
223. Die Märtyrer werden auch Apoc. 20, 4 besonders erwähnt (et animas decollatorum propter testimonium Jesu et propter verbum dei).
225. (vgl. v. 47.) Apoc. 5, 11 Et vidi, et audivi vocem angelorum multorum in circuitu throni et animalium et seniorum, et erat numerus eorum millia millium; und Apoc. 21, 12 et habebat (b. Burg) in portis angelos duodecim.
231. 1. Petr. epist. 2,5 et ipsi tamquam lapides vivi superaedificamini, domus spiritualis, sacerdotium sanctum . . . mehreres über die Verwendung der Anschauung von den lebendigen Steinen bei Diemer zu 361,5; vgl. Honorius Elucidarium III, 21 Cum deus palatium sibi constitueret, paries lapsus est, quando Angeli corruerunt. Quem Deus volens restaurare misit Filium suum vivos lapides ad hoc aedificium congregare.
245. vgl. Honor. Elucid. II, 9 unusquisque obtinebit mansionem secundum proprium laborem; ita prout quis plus laboraverit, digniorem, qui vero minus, inferiorem possidebit.
252. Matth. 6,20 thesaurizate autem vobis thesauros in coelo; ausgeführt bei Hartm. v. glouben 2574.
268. 289. 290 nach Apoc. 7,16 non esurient neque sitient amplius, nec cadet super illos sol neque ullus aestus.
300. wohl mit Beziehung auf Ezechiel I,12 (von den 4 Tieren) ubi erat impetus spiritus, illuc gradiebantur nec revertebantur, cum ambularent.
321. Apoc. 4,6 et in medio sedis et in circuitu sedis quatuor animalia plena oculis ante et retro .., 8 et requiem non habebant die ac nocte, dicentia: Sanctus, Sanctus, Sanctus Dominus Deus omnipotens, qui erat et qui est et qui venturus est.
328. Die Beschreibung der 4 Tiere steht schon Ezechiel Kap. 1.
335. Apoc. 4,4 Et in circuitu sedis sedilia viginti quatuor, et super thronos viginti quatuor seniores sedentes, circumamicti vestimentis albis, et in capitibus eorum coronae aureae.
354f. Apoc. 4, 10 (Et cum darent illa animalia gloriam) procidebant viginti quatuor seniores ante sedentem in throno, et adorabant . . et mittebant coronas suas ante thronum, dicentes: Dignus es, Domine Deus noster, accipere gloriam et honorem et virtutem, quia tu creasti omnia, et propter voluntatem tuam erant et creata sunt.
367f. Apoc. 4, 5 Et de throno procedebant fulgura et voces et tonitrua . .